U0032859

日本神話與靈界怪談，有時還有臺灣

蔡桑說怪

蔡亦竹 著／繪

推薦序

講古仙仔展神威：蔡桑的怪談世界

何敬堯

小時候，我住在臺中鄉下的三合院。古厝是紅磚砌成的舊房子，客廳天花板的日光燈亮度不夠，抬頭往上看總是黑漆漆一片，彷彿梁柱之間隱藏著什麼怪異的東西，隨著光影左右搖晃。我總是很害怕在夜裡走過客廳，因爲日光燈會關掉，只剩下朱紅色的神明燈在神龕上朦朧亮著。

小時候，我感覺只要到了夜晚，異世界的大門就會打開。

那時候對於夜晚的印象，還有怪談。鄰居的大哥哥、大姐姐會在三合院的晒穀場的欒樹下講古。他們會說一些神奇的故事，甚至還有恐怖的傳說。

印象最深的，莫過於其中一則學校怪談。據說有學生夜裡到學校進行試膽大會，有一個人落後，他走樓梯的時候，發現樓梯間少了一個階梯，於是回去重數階梯，結果一去不返。多年之後，學校整修，發現水泥樓梯下面埋藏了這位失蹤學生的屍體。

這則學校怪談，嚇得我毛骨悚然，以至於每次走在學校樓梯間，都不敢低頭看腳下的階梯。多年過後，我開始接觸日本怪談文化，這時候赫然發現，原來小學時代在樹下聽過的階梯怪談，其實是日本學校怪談的經典故事。

時至今日，讀到民俗學家蔡亦竹在《蔡桑說怪》提到臺灣在七〇、八〇年代開始的靈異風潮受到日本怪談文化影響，實在心有戚戚焉，點頭認同。

許多臺灣人繪聲繪影的都市傳說，其實是將日本怪談進行「臺灣在地化」，改造成更加符合臺灣民情風俗的故事情節。因此，藉由怪談文化的視角，進一步考察臺日兩地對於異世界想像的差異性，不只具有學術價值，更能對比出趣味詼諧的角度，這也是蔡亦竹老師的新作《蔡桑說怪》觀點獨特之處。

喜愛聆聽怪談是人類的天性，我極為懷念童年在大樹下聽鬼故事的夜晚。可是現在生活於都市社會，打開電視就是數不清的娛樂節目，智慧型手機更成為現代人接收訊息的最佳利器，小時候在大樹下的「說書時光」早已一去不復返。

不過，當我翻開《蔡桑說怪》，一頁接著一頁，越讀越入迷，越是欲罷不能，彷彿瞬間回到曩昔聽故事的單純時光。不只折服於蔡桑淵博學識，更被字裡行間的「鄉民語言」逗得樂不可支。

蔡桑如同巷仔內的「講古仙仔」，說學逗唱樣樣通神，講古功夫也一流。他上窮碧落下黃泉，一篇篇神鬼怪談洋洋灑灑，天南地北聊古今，不只挖掘深層的文化意識，更擅長以通俗新鮮的語言讓讀者會心一笑。

蔡桑同時也是一位學養深厚的民俗學者，字裡行間自然會引經據典，但他並非枯燥乏味地「掉書袋」，反而經常以臺灣人熟悉的觀點進行嶄新的詮釋。例如，一開始介紹日本神話，他就以「怪獸家長」的概念來解說天神夫妻的育兒過程，或者用「八點檔鄉土劇」的視角來說明日本神界家庭的愛恨情仇，不禁讓人莞爾一笑，拍案叫絕。

不過，蔡桑絕非對於這些古代神話「大不敬」，反而是希冀使用輕鬆通俗的現代概念，深入淺出地解讀日本文化。傳統並非不可更易，反而是在一代一代的吸收、轉化中，綻放出更多元的可能性，這也是日本文化變化多端、善於融會貫通的特點。

就如同日本妖怪文化孕育出《妖怪手錶》《寶可夢》等作品，蔡桑更是突發奇想，思考起臺灣也能誕生《師公手錶》這樣的文創計畫，認爲臺灣擁有豐富的鬼怪文化，可以衍生出有趣的「神鬼遊戲卡牌」。從這一點也可以得知，蔡桑並非只是書寫日本，他也在臺日文化比較中，不斷嘗試探尋臺灣本土內涵的民俗、文史精神。臺灣文化是一座尚未大規模開發的寶山，等待有緣人深入開採。

作者在後記，寫了一段讓人感動不已的話：「所以就算是再怎麼小的生活瑣事，我們都需要記錄下去，因爲一個民族的文化和自尊，就是這些『小事』的累積成果。」日本文化之所以淵遠流長、博大精深，便是每一代的人們努力積累起各種「小事」，最終積沙成塔，成就魅力非凡的大和民族物語。

反觀臺灣，若我們不再妄自菲薄，不再看輕、敵視這座島上的不同族群，肯定也能建立起屬於我們自己的島嶼文史故事。我相信這也是蔡桑在臺日文化比較的研究中，最想傳達給讀者的意念。

（本文作者爲作家）

推薦序

先別問有沒有鬼了，你聽過民俗學嗎？

黃震南

讀蔡桑的《蔡桑說怪：日本神話與靈界怪談，有時還有臺灣》時，我想起了許多故事。

有一次，我在百城堂舊書店林漢章先生那裡聽得一個傳說：日治時代，在他們故鄉那兒，有個人正在趕山路，遠遠看到地上有張紙，定神一看，可不是最大面額的一百元鈔票嗎？那可是一般人幾個月的薪水，窮苦人家還可能一輩子沒機會見到！他遂喜孜孜地往前衝，說也奇怪，一走近，那鈔票就突然神隱了。他摸摸腦袋，以為自己眼花了，繼續往前行進，走了幾步不信邪，又回頭張望，那張鈔票又出現在原位！折回去一靠近，鈔票又無端消失，就這樣來來回回，那張一百元總是看得到、摸不到。

回到村裡，說起此事，耆老說：「那就是你沒有這個福分，土地公有在顧啦，在替有福的人守著錢。」

那人不信邪，次日特地跑到看得見那張鈔票的路段上遠遠等著，只見山路上偶爾有人來去，就是沒人望向地上一眼，彷彿那張鈔票壓根兒不在；最後，來了一個婦人，走來，停住，撿起鈔票，歡天喜地離去。

我回家將故事向我爸媽說了，我爸媽說了另一個故事。

我家隔壁阿姨的公公在日本時代還年輕的時候，是個農夫。有日他在鋤田時，「喀」地一聲，挖破了地下一個甕，結果從甕中飛出一群銀白色的東西，聲勢浩大如同田裡倏起倏落的麻雀群。眼看著全部飛到天上快跑光了，他便拿起鋤頭在頭上揮舞，僥倖讓他打落一隻，拾起一瞧，是一枚白花花的龍銀。

這類的故事，有典籍出處的，最著名當屬《聊齋誌異》的〈錢流〉：某人在花園裡忽然看見錢幣大噴發，流動如溪河，深有二三尺，他樂得撲上去雙手抓錢游泳，待去勢停住定睛一看，他趴在乾涸的地上，沒有發大財，只有抓在手裡的錢還在。

我相信鄰居阿姨的公公、林老闆的村人可能都沒讀過《聊齋誌異》，但是他們竟然都講出了相似的經歷。

不要問我這些事情是眞的還是假的，我也想知道。但是我知道什麼是眞的。

許多年前，臺灣各縣市開始重視地方性的社區營造、田野調查工作時，我爸媽算是民間文學採錄工作的先行者之一，當時還是小屁孩的我，偶爾也會去插花聽這些歐吉桑、歐巴桑「畫虎爛」；而在整理研究民間文學（故事、歌謠、俗語等等）的時候，我有了一個心得：「這些民間故事可能是假的，但是編造故事背後的情緒和價值觀是眞的。」

此後，我就對民間文學的象徵和上古時代的風俗開始感興趣，腦洞一開，以後再聽到這些故事時根本就回不去了：牛郎偷窺織女洗澡又偷藏衣服脅迫結婚，在現代當然是渣男兼變態，但這根本是原始人求婚SOP。〈小紅帽〉和〈虎姑婆〉的故事有部分類似，或許反映了保護貞操的重要性（酒瓶不要打破、門不要打開）和讚頌生育的偉大（兩個反派都象徵不生育：肚子裝滿石頭以及自稱「姑婆」——在臺語中，一生未嫁的女性被蔑稱爲「老姑婆」）。糧食不夠的時候，把老人小孩先殺掉，甚至吃掉，心軟一點的就送到山林裡「放生」（是「放死」吧？）——西洋童話〈糖果屋〉的開頭就是如此，不過那些獨居在森林小屋的老巫婆，何嘗不是被放逐的可憐老人？還有說好不提的，漢字「微」這個字，象形符號的本意是舉起棒子朝向老人……倉頡你給我出來面對，我都不會教小孩了。

《蔡桑說怪》這本書，再一次滿足了我的好奇。

我相當喜愛的一套漫畫：星野之宣的《宗像教授異考錄》系列（另有前傳與外傳），就經常提到日本《古事記》的起源神話，但它總是伴隨情節東一點、西一點的出現，在蔡桑的書裡，終於用了淺白的文字將其複雜離奇的家族關係釐清，厚，這下得把星野之宣的漫畫搬出來重看了。

本書的第二話則從鬼、妖怪切入，再引導到第三話臺日流行的都市傳說，這是一般讀者比較耳熟能詳的領域，應該會很有共鳴。

我個人沒有宗教信仰，但我尊重並喜歡聽各種民俗甚至迷信觀念的形成原因，你會發現每件事情聽起來雖然很ㄎㄧㄤ，但一解釋，居然合情合理、絲絲入扣。比如說我有一個學妹，她腳底有一顆痣，她就怨嘆她老母老是不讓她去游泳。

「屁股有痔瘡不能游泳還比較有道理，腳底有痣爲什麼不能游泳？」

「我媽說那就是水鬼已經做了記號，他在水底往上看，只看得到大家的腳底，就先拉有記號的下水。」

你看！是不是完全沒有違和感！民俗是自成一套哲學系統的，

萬事萬物、因果攻防都離不開這套哲學；這套理論千年來牢不可破，而且在現代還衍生出新型的都市傳說。只可惜近年來談妖怪、都市傳說的書雖多，大多介紹的還是日本和歐美地區故事，或者純粹以八卦、獵奇角度刺激讀者的感官，看久也痲木了。

但這次我終於看見我最期待的東西：從民俗學的角度，把目光移向臺灣的宗教，以及怪談。

我曾在蔡桑前作《圖解日本人論》的序文這麼說：

「我也希望站在這基礎上，我們能夠回頭檢視什麼是『臺灣精神』。以民俗學，重新整理臺灣的文化，建立臺灣的民族性，確定臺灣未來的方向。」

蔡桑大概能隱約察覺我默默地把這個擔子加在他肩上吧（蔡桑，如果你覺得肩膀重重的，不是因爲女鬼，是因爲擔子），在這本書裡，他小試了身手，而且從他文字裡能讀出，其實他已經發想、創作了很多，他只是把比較有把握的，先分享出來而已。

這樣的工作，在臺灣，必須要有更多人做、有更多的作品。因爲若沒有系統性蒐集、沒有理論、沒有工具書，橫向關係不清、縱向演變不明，只抓緊少數一兩個本土圖騰就要作文創，而且還互相抄襲，那成果當然是虛的。

厚實的土壤才能長出穩固的樹，我樂見蔡桑以「假鬼假怪」「裝神弄鬼」來搭起臺日橋梁，爲臺灣未來的民俗題材創作，做了優良的示範與奠基，前幾句評論雖然說得這麼嚴肅，這本書卻是我見過的蔡桑著作中，娛樂性最高的一本，請大家好好享受民俗學的衝擊吧！

——怎麼可以只有我讀民間故事時，已經回不去了呢？

（本文作者爲藏書家）

各界推薦

常在臉書上看到蔡桑大發議論、大快人心。看著貼了一陣子的可愛妖怪圖，終於，喔喔喔……要出來了……要出來了……書啦！

首先，趕快去買一本，實踐「臺灣現代公民該做的事」。要翻開之前必須先請徐永進老師將「人生絕不能以無聊收場」大大地寫滿無聊的天花板，一邊默想米開朗基羅那幾年吊在半空中榮耀的仰視。再仿蕭青陽老師做一卷「人眞的不能永遠站在舒適圈」紙膠帶，跑去「聚膠行動」外牆貼滿。

畢恭畢敬，擦乾淨烏心石木公媽桌，早上插三支香，傍晚插四支，正所謂「朝三暮四」。

這個書名應該跟「AV帝王」有關……

——搖滾歐吉桑／朱頭皮

臺灣有很多廟是拜日本人變的神，但祂只會講日文嗎？其實長崎有多間媽祖廟，媽祖會說日文。聽蔡亦竹穿梭陰陽，裝神弄鬼，有趣又富神話社會學意趣。

——作家／吳錦發

了解人就會理解鬼，妖怪、幽靈都是依據現實的想像。市面上很多講日本妖魔鬼怪的書，但都沒有蔡桑那麼深入淺出，而且是透過臺灣人的角度說給你聽。

——「故事：寫給所有人的歷史」網站主編／胡川安

自序

假鬼假怪眞文化

臺灣人怕鬼，日本人怕鬼，全世界的人都怕鬼。

一開始用這個哏大概就暴露出自己的年紀了。不過這個恐怖到了極點的爛哏，倒眞的說出了人類的天性之一——對於未知世界的恐懼和想像。這種天性打造了名爲「宗教」的偉大文化資產，文化人類學裡對於「宗教」和「思想」的定義分別，其中重要的一點就是提及死後的世界與否。但除了內包價値觀、世界觀與自他認識的宗教之外，對於死後世界或異界的概念在民間傳承下去，最後就會形成各地獨特的神鬼觀。而這種因爲地理環境、文化差異、民族性格形成的神怪觀，也是文化研究裡最引人入勝的一部分。因爲它一方面直擊到人類的共通認識，卻又富有多樣性和獨特性。

我在上課時，常問同學一個問題：「如果你回到房間打開燈，發現你的位子上坐了個你不認識的人，那你會不會嚇死？」通常同學們不管男女都異口同聲回答：「應該會嚇尿。」但是我會再接著這麼問：「那如果你發現那個人是生前和你感情極好的已逝親人，你會害怕嗎？」

同學們的回答大多都是一開始會被嚇到，但是認出來之後就不會再害怕了。而我會接著問同學們：「如果你可以百分之百確定你房間的這位是人，但是你也百分之百確定不認識他，那你還是會害怕嗎？」同學們會歪頭想了想，然後回答：「當然還是會啊！」

是的，你怕的不是鬼，你怕的其實是陌生和不可確定性。而這種陌生和不可確定性衍生出來的想像和恐懼，營造出地區社會對於神鬼的民俗觀念。在日本研讀民俗學的我，接觸了不少妖怪、產土神、神靈甚至是都市傳說等怪談奇說。這些一般學術可能會視為不登大雅之堂的事物，其實正是與鄉土緊密連結的寶貴文化資產。不少娛樂創作及次文化元素，就取材自這些看似荒誕無稽，卻最能顯現民族特性的故事和傳承裡。從早期的妖怪博士水木茂以鬼太郎爲首的創作群，到近年的《靈異教師神眉》，以至於大人小孩體操跳成一團的《妖怪手錶》，都延續了這個大衆文化傳承。而這些次文化作品，也形塑了一般讀者對於日本人神鬼觀的印象。

當然，學術上稱爲「異界觀」的這些民間傳承，內容不只幽靈妖怪，也包括了暗藏非文字歷史的神話，以及淨土、地獄、冥界等死後的世界。而且這些故事最有趣的其實不是跟妖怪神話有關的豆知識，而是從這些故事裡，我們可以看出日本人害怕、重視的是什麼，把家庭、社會，甚至性看成是什麼。

這本書裡介紹了日本的神話，以及這些神話背後隱藏的意涵，還有從古至今日本人在未受外來文化影響前的異界觀。當然也會提到和拉麵一樣，好像從大陸來但是卻在日本轉型成功還發揚光大的妖怪文化，隨著現代化生活型態改變而出現的種種新舊都市傳說，以及各種媒體再生產的靈異事象。除了介紹日本之外，這本書也會分享臺灣種種靈異傳奇和神鬼故事，讓靈界的朋友們（？）來場臺日友好的另類交流。

我想這也是做爲一個臺灣作者最重要的任務之一，畢竟如果只是想看日本的妖怪故事，坊間已經有一堆翻譯本，但是這種以神鬼爲主題的比較文化論述，好像還只有雙方文化都有涉獵的我才辦得到。

因爲神鬼之說或許並不科學，甚至有時候聽起來有點唬洨，但是這些假鬼假怪、練肖話的故事裡，卻眞的內含了許多日本人的深層心象和文化蓄積，而這些都不是正規的理論和文獻裡可以看到的。而且這些事象，還鮮明地活在現今日本人的生活裡，像是世界知名的祇園祭，或是我個人極爲熱愛的東京府中暗闇祭，雖然現在都算是觀光活動，但是這些觀光活動卻建立於對於異界神鬼的尊崇和人神，甚至是人鬼同樂的前提上。

所以，當我們要了解日本文化時，除了有形的文化財外，更需要了解這些眞正「無形」的文化元素。在民俗學或歷史學裡，這種現世和異界間的關係稱爲「顯幽」，除了在祭典、寺社或是儀式等文化產物上發揮其不可忽視的影響力之外，顯幽思想甚至孕育出了能樂等傳統藝能。

出了幾本有關日本文化的書，裡面從日本文化總論、古都京都的介紹一直到日本人村落性格的探討，在書市蕭條的時代，我很幸運地可以一直受到讀者朋友們的錯愛支持，而寫作的題材，也越來越接近我眞正在日本拿到學位的民俗學。

這本《蔡桑說怪：日本神話與靈界怪談，有時還有臺灣》，一直是我想寫的題材，也是我第一次以書籍的形式，完整地向大家介紹日本的「神鬼傳奇」，希望大家喜歡。

或許有時候學者當久了，大家會開始覺得我一開口、一下筆不是引用就是論述，但是這本書大家可以放心，因爲是和朋友們一起分享，所以風格當然會堅持用我平常說話的ㄎㄧㄤ路線。

「講妖怪，說神鬼，日本說不盡！」

引用這句致敬我最熱愛的講古大師吳樂天的經典臺詞，做為展開這場靈異之旅的開場吧！這位大師也在今年人歸鬼籍，與其嘆息臺灣本土說書奇人不在，不如就讓我用神話鬼話做媒介，除了介紹日本之外，也讓臺灣的眾神、諸精靈們可以繼續活躍於文字之中，訴說這些讓人有點害怕卻又好奇著迷的故事吧！

但如果問我「世上到底有沒有鬼？」我會翻臉喔！

目錄

第二話 妖怪與民俗

第三話 幽靈與都市怪談的系譜

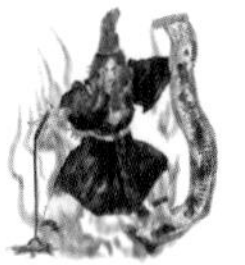

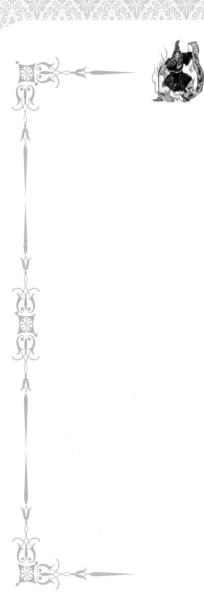

第一話

日本的神話原型

記紀神話告訴日本人民從創世到開國的過程。雖然去追究這些故事的真實性本身就是件二百五的事情，但是這些故事的確潛藏了許多暗喻和過去的民族痕跡。

1. 神奇的日本初代第一家庭

日本的神話其實是很ㄎㄧㄤ的。雖然全世界的神話大多是荒唐無稽的內容，但是神話裡也內含了許多信史時代前的民族融合、鬥爭以及發展的歷史訊息，同時也呈現出該民族的傳統中心價值。像是希臘神話裡諸神與人類間的愛恨情仇，就反映出了這個創造奧運文化對於人類的肉體與心靈熱愛那「人間讚歌」特性。

日本神話也是一樣，許多學者都指出日本上古史因爲尙無文字而無確切史料，甚至有時還得參考中國或朝鮮不明確的史料，但這些上古的斷片或許可以從日本神話中找出端倪。

日本神話大致上由《古事記》和《日本書紀》以及各地的鄉土文獻《風土記》內容組成。其中《古事記》和《日本書紀》都是在天武天皇時代前後，由執政者下令編成，雖然兩書對於許多神話細節記載有所出入，但因為是官方編撰的最早史書，也構成了大部分的神話內容，所以日本神話常被稱為「記紀神話」。

其實光是記紀神話的編撰過程，本身就充滿了懸疑性。雖然日本許多史學家認為記紀是日本最早的官方正史，所以裡面的可信度極高，但是我們也不能忘記所謂歷史，往往是由勝利者書寫的，執政者主張的歷史，當然會修改，甚至消去對自己不利的內容，只傳達他們想讓世人知道的部分。

記紀開始書寫時的天武天皇，和上一代的天智天皇是親兄弟，但是這對兄弟傳位的過程曾打過一場戰爭，叔叔天武天皇親手解決了上一代天皇的親兒子，也就是自己姪子大友皇子，而且這位大友皇子也曾經被認為有即位過，如果真是如此的話，那就表示記紀在成立不久之前，皇室才經歷過一場改朝換代的鬥爭過。在這種情形下，記紀也被視為可能是當時統治者強化自己正當性的意識型態工具，《古事記》用來強化日本做爲單一共同體的認同，而《日本書紀》則是做爲向外國宣示日本主體意識的官方資料。因爲有這樣的背景，記紀打造了日本神話的基礎架構。

怪獸家長的始祖!?

日本神話開始於所謂的「天地開闢」。根據《古事記》的記載，世界先是出現了五位具有根本影響力，卻在後面神話裡不再登場的無性別神明，這些神明被稱爲「別天津神」。之後出現了兩位單獨出現，後面五組都是男女一同出現的神明，這些神明被稱爲「神世七代」，最後一組就是創造日本的夫婦伊邪那歧和伊邪那美，而在《日本書紀》則是完全不同的神名記載，而且關於天地生成的描述也很明顯地受到中國陰陽二元說的影響，但是兩書在神世最後的部分，都統一以伊邪那歧和伊邪那美的出現爲結論。

這對男女神其實本是兄妹，在接受了神明們的命令後，拿著長矛，用矛尖滴下的鹽水，滴出了一個小島接著登陸。結果哥哥有一天突然問：「我的身體都很好，但就是凸出了一節，妳呢？」妹妹回答：「我的身體也都很好，但就是凹進去一塊。」哥哥就順勢說：「那我們把我凸出的那節放進妳凹進去的那塊，看會怎麼樣好了。」

……我說的是眞的啦。

於是兄妹就各自以反方向的方式繞著島上的巨大柱子（天柱）走，在另一邊碰頭之後，妹妹開口說：「啊！怎麼有這麼帥的帥哥！」然後哥哥就接著說：「啊！怎麼有這麼正的妹！」但是後來哥哥不太開心地抱怨：「這種事情哪有女生先開口的？」（超父權！）不過抱怨歸抱怨，兩個人還是實行了剛剛討論的內容，從兄妹升級爲夫婦。結果生出來的小朋友叫「水蛭子」，據說是個手腳不完全，甚至有人說是只有內臟器官，連皮膚、肌肉都沒有的畸形兒，然後又生了個小孩叫「淡島」，這個孩子也和哥哥有一樣的症頭。而這對父母的處理方式，就是把這兩位親生孩子放在草船裡，放水流到大海去了。

初代放棄育兒的怪獸家長。

夫婦倆討論了一下，決定去找天神前輩相談一下。結果天神掐指一算，一樣得出是女生先開口才會不好的結論（是在父權幾點的？）所以兩人回家之後，再一次繞著柱子走，但是這次就由男生先開口撩妹，結果就順利地生下日本國土，不包括北海道的主要部分「大八島」和其他小島。在順利生下幾個健康寶寶之後，兩人就進入了瘋狂繁殖模式，一連生了代表土石、屋頂、住宅、大海、河流、山谷、食物等神明寶寶。結果在生下火神寶寶的時候，伊邪那美不小心燙傷陰部生病了。臥病在床的時候，從女神的嘔吐物生出了礦山神，大便裡生出了黏土神，還從尿裡生出了灌溉水神和生產力之神。總之兩位總共生了十四個島和三十五位神明寶寶，然後伊邪那美就因爲陰部燙傷去世了。

看到這裡，你可能已經覺得「日本神話到底是嗑了什麼？我也想要來一點！」但是死了老婆的伊邪那歧傷心欲絕之際，眼淚還哭出了一個名叫泣澤女的神明寶寶。爸爸看著害死媽媽的火神寶寶越看越肚爛，居然就把親生小孩的頭給砍了下來，小孩的屍塊和血液又生出了包括岩石、太陽光熱、溪水，甚至象徵武勇的刀劍之神。這些神明的出現被認爲是象徵打造刀劍等鐵器時，從提煉到打造，淬鍊至完成的具象化過程。總之，初代的怪獸家長不只放棄育兒、丟掉殘障寶寶，最後還爲了替老婆出氣而把小孩給宰了。

2. 愛恨情仇の夫妻姐弟篇

深情哥哥兼老公伊邪那歧，深深思念自己那因爲超瞎理由而死掉的老婆，於是追到了黃泉之國跟自己的最愛相會。兩人互述相思之情後，伊邪那美說要向黃泉神求情讓自己回到人世，但是條件就是老公一定不能偷看。

然後就像所有故事裡的白爛男生一樣，老公一定要偷看了。

從汙穢中誕生的三貴子

這一看不得了，伊邪那美的原形竟然是全身爬滿蛆蟲，身上還到處有黑色雷電的噁爛活屍。老公的深情立刻灰飛煙滅，老婆也見笑返生氣地說：「你居然讓我這麼丟臉！」並派遣黃泉醜女群（死穢的具象化）要把老公抓回來和她一輩子在黃泉之國生活。老公前一刻還山盟海誓，這下立刻變成「昨晚歹勢」。伊邪那岐用盡力氣逃回人世，把冥界入口的黃泉比良坂用大石擋了起來。伊邪那美在大石的另一頭對負心漢大聲哭喊：「啊啊啊啊我的愛人啊！你這樣我要每天殺死你國度的一千個人民！」伊邪那岐也回應：「我最愛的女人啊，如果這樣，我每天就會讓地上每天出生一千五百人。」這就是爲什麼每天都有人死，但是人口卻越來越多的原因。

這不知道算不算是一種悲戀，但是好像可以確定，伊邪那岐絕對算初代渣男（？）。

嚇得半死的伊邪那岐從死者國度回來，決定馬上去河邊盥洗一下，去去雖小運。結果脫下來的衣物和道具又產生了一堆神明，洗下來的汙垢也成爲了八十禍津日神、大禍津日神兩個象徵汙穢的神明，洗澡的過程又產生了數位海洋相關的神明。最後洗左眼的時候洗出了天照大神、洗右眼的時候洗出了月讀神、洗鼻子的時候洗出了須佐之男（スサノォ，又稱素盞嗚尊，沒錯也就是火影忍者裡的「須佐能呼」）。這三位在日本神話中特別重要的神明，也是伊邪那歧夫婦產出的最後三位神明，在日本被稱爲「三貴子」。也因爲伊邪那歧洗浴時產生了包括三貴子在內，共十四柱（日本的神明計數單位爲「柱」）的神明，所以被稱爲「禊」或「水垢離」的冷水浴，在日本的傳統信仰中被視爲極重要的淨化儀式。

超中二的日本肥皂劇

三貴子誕生之後，老杯伊邪那歧分別指派姐姐天照大神掌管天上界的太陽、月讀神（性別不明但多被視爲男性）掌管黑夜、弟弟須佐之男掌管海洋。結果弟弟因爲每天思念媽媽就一直哭，哭到山枯海乾。伊邪那歧一氣之下，就把須佐之男趕了出去。老杯喪偶後又在黃泉之下差點被嚇死，還聽到兒子每天靠腰說想見媽媽，所以趕兒子出去之後，在身心俱疲狀態下，宣告退休而神隱了。思考自己今後要怎麼落地的少年家須佐之男，決定在出外浪流連之前先去天上界和姐姐告別一下。結果姐姐以爲弟弟要來搶自己的地盤，全副武裝成男性扮相，出來要迎戰。弟弟當然宣誓自己沒有邪心，於是兩人就約定以對方的物品而生出的神明來決定眞僞（天安河之誓）。姐姐天照大神拿了弟弟的十拳劍咬碎之後，生出了掌管航海安全的宗像三女神。弟弟則是拿了姐姐的勾玉咬碎後，生出了包括天皇家始祖的五個男神。因爲男神誕生證明了弟弟的心無邪念，所以兩人就交換出生的神明當作自己的後代，須佐之男也獲得了留在天上界的權利。

但是繼承父親渣男血統（？）的須佐之男，開始在天上界從事各種噁爛的惡行，最後還用剝了皮的死馬打破屋頂，丟進姐姐的工作室，害姐姐手下的織女因爲受驚而被織布飛梭刺穿陰部死了（！）這下天照大神也受不了了，終於躲進山洞裡，讓世界失去太陽，一片黑暗。衆神們只好打造了三種神器裡的八尺鏡、勾玉，再叫日本初代 dancer 天宇受賣命跳露點豔舞，大家則是在一旁狂歡。天照大神聽到外面的 party 聲好奇問說：「你們在幹嘛？」眾神回答：「因爲出現了和您一樣正的女神所以大家很 high。」這下天照大神就有點不爽，想說：「怎麼可能有人比老娘正？」才偷偷打開山洞岩戶一個小縫想偷看。天兒屋命（後世的貴族藤原家始祖）就拿出了八尺鏡在洞口，天照大神看到鏡中的自己嚇呆了，想說「怎麼有這麼漂亮的人啊！」然後大力神天手力男命就趁這個時候把山洞裡的天照大神拉了出去，於是世界重現光明。弟弟須佐之男則是在眾神的合議之下，要他繳出寶物當罰金，然後把身上所有的指甲剪光，毛也剃光之後趕出天界。

中二度和白爛度爆表的元祖日本家庭鄉土劇。

3. 日本神話的浪流連傳統

須佐之男再次被趕出來之後，到食物之神大氣津比賣神那求助。結果大氣津比賣在準備食物的時候，被須佐之男看到她是從口鼻，甚至是肛門處擠出食物來的，憤怒的須佐之男宰了大氣津比賣，結果她的屍體長出了各種作物，成爲今天日本各種農作物的起源。

繼續流浪的須佐之男到出雲國之後，遇到了一對得把女兒獻祭給恐怖八頭大蛇的山神老夫婦。須佐之男聽了原委後，立刻承諾對方會殺了大蛇，但是事成之後，老夫婦得把女兒嫁給他。老夫婦想了想，把女兒交給來路不明又自稱天照大神弟弟的8+9，也比把她抓去給大蛇當飼料好，於是就答應了這樁婚事。須佐之男準備了烈酒埋伏，大蛇出現之後還眞的每顆頭都拚命喝酒喝到爛醉，須佐之男就在大蛇醉倒之後，像砍水果遊戲一樣，把八頭大蛇的頭全剁了下來，還在大蛇屍體的尾巴處拔出了一把神劍，這把神劍也就是日後有名的「草薙劍」。須佐之男把神劍託人交給天上界的姐姐，至此天皇家號稱相傳自神明祖先的「三種神器」全部湊齊。

須佐之男消滅妖怪禍害之後，安心地坐擁美嬌娘並且吟出傳說中日本的第一首和歌，就在出雲一地浪子回頭，結束了流浪生涯。須佐之男繁衍出來的子孫，也包括了日本神話中的大國主神。這些以出雲一地爲中心的神明們，被稱爲「國津神」。而日後從天而降，取代國津神，統治日本至今（？）的天照大神系統子孫們，就被稱爲「天津神」。

從伊邪那歧相傳下來的國津神男系子孫們除了渣以外，好像也有浪流連的傳統。

好心有好報的浪子

從須佐之男以下數代，出現了大國主神這個男神。大國主神有許多個總稱爲「八十神」的哥哥們，而且大家都霸凌他。哥哥們想追個名叫八上比賣（hime，跟「姬」同音同義）的美女，於是把所有的行李都丟給他，要他當隨從小弟。結果八十神們在途中遇上了因幡的白兔，這隻白兔因爲戲弄鯊魚群，而被鯊魚群咬到全身皮膚潰爛。壞心的八十神們教痛苦的白兔先去泡海水再去吹風，傷口就會好，眞的照做的白兔變得更痛，八十神們則是哈哈大笑，幸災樂禍之後便揚長而去。背著一大堆行李的大國主神隨後到達時，善心地告訴白兔用清水洗完身體後再去滾蒲花粉情況就會好轉，白兔這才復元，白兔向大國主神說：「像你這樣的帥哥才會獲得八上比賣的芳心。」後來還眞的由大國主神抱得美人歸。

起肚爛的八十神們在不久後就兩次設計害死了大國主神，然後兩次都是由大國主神的母親向天神求情之後才得以復活。在哥哥們的迫害下，再也待不下去的大國主神，和祖先須佐之男一樣踏上了浪流連的路途，輾轉來到根之國，也就是黃泉之國，遇上了當地的統治者須佐之男。結果在這裡，大國主神又跟須佐之男的女兒對上眼，在新女友的幫助下，克服了準丈人的種種難題，最後還拿了人家的寶貝武器和新女友一起私奔了。拿到新武器的大國主神回到老家，「處理」了八十神們之後，就和兩個老婆一起開始了建設國家的歷程。

日本金孫，一中各表

大國主神除了繼承祖先們的流浪傳統外，也不免流於英雄好色的「宿命」。大國主神的另一個著名事蹟就是太太爆多，叫大國主神爸爸的神明更是多到一百八十（或一百八十一）個，根本人生勝利組。但是這位人生勝利組最後也遇到了人生最大的難題，就是在天上界的天津神們有一天突然說：「葦原中國。」也就是大國主神統治的地上界是屬於他們神聖不可分割的一部分，於是派了天照大神的兒子要下去接收。結果兩個兒子不但都被大國主神懷柔成功，其中一個還當了大國主神的女婿。後來天津神只好派出「武鬥派」的武神建御雷神出馬，收服了大國主神的兩個兒子事代主神和建御名方神（也就是諏訪大明神），最後以建設巨大宮殿供奉大國主神，使其掌握「幽之事」爲條件，國津神將日本讓給了以天照大神孫子爲首的天津神勢力。這個讓國神話就是所謂的「天孫降臨」，而天孫也是今天日本天皇家的始祖，建給大國主神的巨大神殿就是今天的出雲大社。

以上，就是記紀神話告訴日本人民從創世到開國的過程。雖然去追究這些故事的眞實性本身就是件二百五的事情，但是這些故事的確潛藏了許多暗喻和過去的民族痕跡。下一段內容，我們再來好好研究這些看來ㄎㄧㄤ度十足，實則暗藏日本人生哲學（？）的故事。

大國主神與眾妻子們的全家福照片

4. 色情與暴力、獵奇與SOD大集合的背後

很多人都很喜歡說日本是AV大國，所以日本有禮無體。雖然我是不知道網上不花錢去下載人家影片還嫌東嫌西，然後整天把上日本妹當成人生成就清單之一是多有體就是了。

但是日本社會文化相較於臺灣開放許多，許多連我們臺灣人都不太敢公開談的，在日本卻只要稍微找一下就有門路可以接觸的各種funky事象多到不勝數也是事實，而且，我也覺得這比嘴講「識大體」然後私底下狗屁倒灶一堆來得健康百倍。首先，我們必須承認一個事實，就是日本之所以會出現這麼多類型的色情、暴力，甚至獵奇或噁爛的作品，就是因爲人性裡的確存在這些需求。而這些人性本能（？）也出現在日本神話裡的一個共通精神。

對於「性」的解釋

不必等到佛洛依德的出現，日本神話一直以來對於「性」的解釋除了歡愉之外，就是直接與再生和生產性產生連結。也因爲日本未受儒教影響，對於性是極爲寬容而處開放態度的。所以除了一開始的伊邪那歧、伊邪那美兄妹婚之外，日本神話超愛玩私處哏，像是須佐之男大鬧天照大神織布處，讓紡織女被織梭刺穿陰部而死，甚至是他丟下來的「逆剝」馬匹屍體，其實也有人解釋這是男性性器官的隱喻。而且創世女神伊邪那美會死，也是因爲生下火神所以燙傷陰部，後世嫁給國津神之一大物主神的皇女百襲姬，也是因爲看到自己丈夫變回蛇的原形，而受驚坐下時不小心坐在筷子上，就這樣又被筷子刺穿私密處死去，後來墳墓還叫「箸塚」，簡直是死後還不間斷的高度８０（霸凌）。而誕生天皇家始祖的天照大神和須佐之男天安河之誓，雙方互咬對方的道具生神，也有人解釋「十拳劍」（就是十個拳頭長度的劍）和「勾玉」其實象徵的就是雙方的性器官形狀，然後「咬」這個字其實要分開成兩個字來看……

日本神話真的看來有點像堅持拿器官名字來搞笑的小學生胡鬧，但這一切都建立於「性是充滿生產性且並不汙穢」的健康基礎上。眞正被日本傳統視爲汙穢的，反而是大量出血，甚至死亡率不低的生產過程，以及元氣衰竭、消滅的死亡。

對於死的忌諱，我想東西文化都有，像是很多朋友參加完喪事後，家人會要你用艾草水或是「大悲水」洗手、洗臉的經驗。但是日本傳統卻將生產也當成是一種汙穢，孕婦在臨盆的時候，得去遠離平常住家的「產屋」和親人們隔絕一段時間。這也是日本的特殊傳統，極度厭惡出血的汙穢，對於性反而不像中華文化一樣假掰。

屎尿裡的生機

說到小學生的低級笑話，我們當然不能忘了屎尿之類的。日本神話當中有不少神明是出生於排泄物裡的，但請不要立刻就連結到「難怪那麼多日本人喜歡重口味的AV」這件事上，這並不代表日本人對大小便有什麼特殊熱愛，相反地，日本重視清淨的價值強烈反應在神道信仰之上，日本神社和祭典的乾淨整潔度相信也讓許多人印象深刻。那麼日本神話的這些描述，難道是反映出什麼惡趣味嗎？其實我們只要仔細看看這些屎啦尿啦嘔吐物啦的記述，就可以看出一些端倪。

其實說起來是非常環保的，因爲從這些排泄物裡，可以長出生養人民的各種作物。這種概念莫名地與性讓人和生產力產生共通的聯想，而神話裡也有許多排泄與性合在一起的奇怪傳承。像是前面提到的大物主神，與另一個妻子邂逅的方式，竟然就是妻子在河邊大便的時候，化成一支紅箭刺向她的陰部，後來兩人就結成了夫妻，生下女兒，成爲了初代天皇神武天皇的皇后。

藏在神話裡的蛛絲馬跡

其實如果縱觀整個日本神話，就會發現所有的故事都建構在以農耕文化爲主體，再補上一點漁撈相關內容的前提上。

當然這不是指日本就只有農耕的唯一一種生業形態，像是以山區爲主體的燒畑、狩獵等，或是居所不固定的漂泊民也都存在於日本的傳統生活中。但是除了像諏訪大社幾個少數以狩獵文化做爲祭典主體的事例外，不管是日本神話的記述或是神道的祭典形式，都與農耕文化息息相關。配合春天的播種、耕作，秋天初期的收穫祭，或是夏天農閒時期的狂熱祭典，都反映出農耕民族的生活循環。

就連二十一世紀的現代，擔任神道的最高祭司日本天皇，也在皇居裡親自種田，皇后也親自養蠶。相較之下，流浪民族和狩獵民族在民俗文化中不是被打壓，就是變形成爲像東北的生剝等來訪神般的旁系存在了。而這些神話特徵，告訴了我們什麼？

一開始就跟大家提過，神話其實會反映出信史時代之前史實的蛛絲馬跡。雖然不可能有實證，但是從大國主神到天孫降臨的讓國神話，已經有許多學者指出這暗示的就是古代發生的政權轉移，甚至是大和民族鎮壓、消滅先住民族的歷史。之所以強調和平交接的過程，是爲了主張大和政權的神聖性和正當性。

也就是說，從天而降、外來的天津神們壓制本土、在地的國津神們，然後爲被消滅的國津神領導層建立巨大神殿以防他們的靈魂作祟，再讓國津神的首領大國主神掌管「幽世之事」。的確，如果仔細看天津神的武神建御雷神出來處理大國主神兩個兒子的過程，事代主神翻船後就「隱身」這種極度暗示「自殺」的記述，或是建御名方神和建御雷神對幹後逃到當時還是未開發地區的長野縣境內，以絕不出當地爲前提而獲赦，成爲諏訪大明神的典故，就知道讓國神話其實也沒那麼和平。

如果要說神話背後的民族鬥爭，其實出雲神話裡須佐之男降服八頭大蛇的故事，也被認為是國津神收服製鐵民族的歷史反映。對農耕民族來說，大蛇噴火的描述就像是鼓風爐製鐵時的恐怖景象，而大蛇盤據處不斷流出的血水，也就像製鐵淬鍊後帶著鐵分的廢水排出的光景。最重要的，是生產過程會大量砍伐木材資源、造成山地失去保水能力的製鐵民族，在本質上對仰賴山地流出水源的農耕民族來說，根本就是如同天敵般的存在。所以須佐之男的壯舉其實也不一定單純是見義勇為，而是農耕民族為了生存的血腥戰爭寫照。

純正血統為最高原則！

日本神話的另一個特徵，就是到處可見的近親結婚記述。雖然這個現象在世界各國神話裡很常見，但日本神話裡的密度還真的滿高的。像是一開始的伊邪那岐、伊邪那美兄妹婚，或是天照大神與須佐之男充滿暗示的天安河之誓生神過程都是如此。

甚至國津神的大國主神娶了須佐之男的女兒，但是大國主神本身就是須佐之男的第七代子孫，也就是說大國主神娶了自己的祖媽級長輩。而神武天皇的父親，娶的也是自己的親阿姨。

不僅神話如此，連正史時代的天皇家也常進行近親通婚，娶自己同父異母姐妹的皇族成員比比皆是。這種現代妹控、肥宅們看了會興奮，但是以儒家倫理來看卻是禽獸不如的行爲，只是爲了要維持血統的純度，因爲天皇家的血統，以日本神話的記述來看是來自神明血脈。

天皇家像一般人一樣有壽命限制、會死亡，是因爲天孫在迎娶國津神大山祇命獻上的兩個女兒時，只留下如花美貌的妹妹，把醜不拉幾的姐姐趕回家。結果漂亮的妹妹象徵的是天皇家永遠燦爛的家運，阿醜姐姐則是象徵堅實永久的壽命，就這樣天皇家的子孫們就只能享受出生即爲日本最高地位的特權，結果失去了和神明一樣的永生力量。

日本民族對於血統的堅持，很大原因就是要強調這種神話主張的統治正當性。也因爲這樣，就連曾經統治日本，後來被天津神壓制的國津神們，在日本神話裡的記述也是始祖起自須佐之男，也就是和天孫族的天照大神同父同母的弟弟，只是因爲血統分支之後，更爲正統的天孫族才擁有天皇地位至今。

這種對於血統的尊崇和所有日本人同出於一源，只是因爲「尊卑分脈」而有了身分地位之別的觀念，自神話時代以來一直影響日本人的潛在意識到今天。

真相只有一個！

藏在神話故事裡的隱喻

須佐之男逆剝的馬匹：男性性器官

天安河之誓的十拳劍：男性性器官

天安河之誓的勾玉：女性性器官

天安河之誓咬對方的道具而生神：口交之意

八頭大蛇噴火：鼓風爐製鐵時的景象

八頭大蛇盤據處流出的血水：製鐵淬鍊後的廢水

八頭大蛇：製鐵民族

國津神大山祇命獻上的漂亮女兒：永遠燦爛的家運

國津神大山祇命獻上的醜陋女兒：永久的壽命

5. 日本古代史怨靈同好會

講完了神，當然要來講鬼了。

日本人當然也怕鬼，而且對於「怨靈」存在極大的恐懼。雖然神話中沒有提到怨靈的存在，但是在日本的歷史裡，怨靈卻占了很重要的地位。哲學家梅原猛就提出了所謂怨靈史觀，指出奈良時代以前，怨靈在文學及歷史中是為一個重要角色，甚至提出讓其他學者議論至今的「聖德太子怨靈說」，也有日本文化人提出東大寺的大佛也是用來化解怨靈威力的裝置這種說法。

因為當時的皇族長屋王在皇位爭奪戰的過程中，被皇后藤原光明子的四個兄弟以誣告的方式害死，結果不久後藤原四兄弟就先後因為傳染病病死。這在當時被視為是長屋王的怨靈作祟造成的結果，爾後不久，聖武天皇就對外宣稱自己是「三寶之奴」而篤信佛教，並且建立了當時預算爲天文數字的東大寺大佛。姑且不論尚有爭議的古代史，但是最少在平安時代前後，日本就被確認有被稱爲「御靈信仰」的怨靈文化。

御靈信仰可以簡單區分成兩種，一種是瘟神信仰，因爲過去日本人認爲天災人禍，尤其是瘟疫等都是神明憤怒造成的結果。其實今天充滿清淨感，由上賀茂神社和下鴨神社舉行京都三大祭之一的葵祭，起源就是來自於賀茂神的憤怒作祟。

而另一個三大祭之一的祇園祭，也來自於八坂神社的「御靈會」，祭祀著被視爲與須佐之男爲同一個神明，帶有暴戾瘟神性格的牛頭天王，來化解瘟疫災害的。

而御靈信仰除了畏懼瘟神，另外就是對事故或是含冤而死的亡靈畏怖。對於這兩種麻煩的靈體，御靈信仰採取的行爲就是把祂們用宗教儀式淨化之後做爲神明來崇敬。在歷史上，存在著被稱爲

「日本三大怨靈」重要御靈信仰人物，那就是菅原道真、平將門、崇德上皇三位。

三大怨靈，業力引爆！

菅原道真就是北野天滿宮所祭拜的日本學問之神。在日本各地常見的「天神」等神社或是地名，指的就是這位平安時代的大學者。菅原道真當時在貴族裡出身並不算高，但靠著豐富的學識和卓越的能力爬上高位，卻被當時的藤原家以誣告打壓，落了個流放九州、客死異鄉的下場。結果在他死後，陷害他的政敵們不是病死就是意外死亡，連太子和皇孫也都跟著下課了，最後皇居裡發生了落雷事故，參與陷害菅原道眞的大臣們死傷無數，而親眼目睹事故的醍醐天皇，也在三個月之後駕崩。於是道眞的怨靈死後被人們和雷神連結，終於在日後恢復名譽，在北野建立了天滿宮祭祀其御靈。

而平將門則是怨靈中武人的代表。身爲桓武天皇五世孫的平將門，在貴族中也不算高的身分，但在關東做爲軍事貴族則是擁有一定的勢力。後來平將門率領了被京都貴族視爲草芥的關東武士們反亂，並自稱「新皇」，受到關東人民的愛戴，也對朝廷造成極大威脅。

但是新皇平將門卻在一場原本處於優勢的作戰中，因爲突發的風向變化而被箭射中腦門，當場橫死，關東新王國的幻夢也就此煙消雲散。但是平將門卻留下了許多靈異傳說，包括後來被拿到京都示眾的首級，後來自己大叫「我的身體在哪」而朝著關東飛去的神奇軼事。經過很長的時間平將門的朝敵之名才獲得平反，並且得到「神田明神」的稱號。而且現今，平將門的「首塚」（埋葬首級的墳墓）仍然位於日本辦公大樓林立的千代田區。據說在關東大地震和第二次世界大戰敗戰之際，政府當局想要移走這個首塚時都發生了靈異級事故，才讓這個平將門怨靈威力的象徵可以留存至今。

至於崇德上皇更是怨靈中的代表。這位平安末期的天皇簡直是衰神之王，擁有一位精力驚人的曾祖父，他一出生就被自己親生父親鳥羽天皇稱爲「叔父子」，其中緣故更不待言。

鳥羽天皇從頭到尾都沒喜歡過這位到底是自己種還是阿公種的兒子，最後還用詐騙的手段讓崇德上皇讓出王位給弟弟，讓崇德的兒子失去了繼承資格。甚至在鳥羽臨終時都不讓崇德見他最後一面，這讓崇德的怨念終於在鳥羽死後爆發，跟自己的親弟弟後白河天皇打了一仗，最後兵敗被流放外地。

遭流放的崇德本來看破紅塵，抄經想要送去京都爲在這場風波中喪生的亡靈供養，結果這些經文都被退回，理由是「不知道裡面藏了什麼詛咒」。憤怒的崇德上皇從此發狂似地在經文上用自己的血寫了詛咒文字，不修邊幅地讓自己人不像人，鬼不像鬼，發誓要成爲日本第一大魔王，讓天皇家「君不成君，民不成民」，最後悲憤而死。

不到幾十年，日本就發生了史上從未有過的大事——後鳥羽上皇被幕府流放，也就是「君不成君，民不成民」，第一次天皇家被臣下的武士驅逐。當時所有人都覺得崇德上皇的怨靈發威才讓這種大逆不道的事件成眞，崇德上皇的威力甚至到了數百年後還爲人恐懼，明治天皇在即位之前，第一件事就是派御使把崇德上皇的靈社從外地接回京都，成爲今天的白峰神宮。

充滿怨靈的日本歷史

平安京的創始者桓武天皇的身邊，更是怨靈大集合。先是他戶親王母子在皇位鬥爭中敗北，而莫名其妙在同一天死掉，才讓原本沒什麼機會繼承王位的桓武當上天皇。日後又因爲長岡京遷都風波，桓武害死了自己的親弟弟早良親王。日後桓武天皇的皇太子出現了精神疾病，然後天災人禍不斷，桓武天皇的妃子和母親相繼病死。

據說爲了逃避這些怨靈的糾纏，桓武天皇才拋棄完成不久的長岡京，再次遷都到今天的京都。就連桓武天皇死後，他最疼愛的兒子伊予親王也在新天皇，也就是在皇太子時代精神就有點狀況的平城天皇命令下，服毒自殺。所以今日的日本古都京都，其實從一開始就寫滿了怨靈的歷史。

一直到平安時代末期，對於怨靈的敬畏之情仍然存在。

像是後來創立鎌倉幕府的源賴朝之父源義朝，就是在與平清盛對幹後敗北逃到歷代效忠源氏的家臣處，想說可以安心地洗個澡暫時休息一下，結果被家臣背叛，在脫光光且手無寸鐵的情形下，被一群人活活砍死。當時源義朝絕命前喊出了最後的遺言：

「如果讓我身上有把木刀就好了！」

所以現在源義朝的墓前常常有人供奉木刀，因為俗信流傳如果這樣做，就可以達成心願，同時也在撫慰義朝的無念之死。

而這也是御靈信仰的主要思想，平息怨靈生前想不開的點和未完成的心願，才有辦法讓充滿負面能量的怨靈變身成為光輝正面的御靈。像前面提到的日本三大怨靈，都是獲得了生前冤罪的平反並且獲得神明界的高位，才得以讓怨靈們息怒，成為保佑當地居民的慈愛之神，或是像菅原道眞般的學問天神。

桓武天皇的皇弟早良親王，也是在死後除了被奉爲神明，甚至還另外送給他崇道天皇的稱號。而另一個奇妙的巧合，就是日本歷代天皇裡諡號裡有「崇」的天皇只有崇神天皇、崇竣天皇、崇道天皇（因爲沒有即位所以嚴格來說不算「歷代」天皇之一）、崇德上皇四位。

被視爲信史時代第一位天皇，可能也是第一位大和王權實質擁有全國性統治能力的崇神天皇，在位時期發生了國難等級的瘟疫和反亂，而這些在當時都被視爲是神明或怨靈的作崇。崇竣天皇則是日本史上空前絕後，唯一一位被臣子暗殺的天皇，崇道天皇被公認是苦惱哥哥桓武天皇的怨靈，而崇德上皇更是日本最大級的怨靈之王。這些天皇的共通點，就是和「作崇」分不了關係。「崇」和「祟」這兩個字極爲相似，是否爲當時贈封諡號時的故意之舉，也是日本神怪史裡耐人尋味的部分。

菅原道真

怨靈指數 ★★★

又名 日本學問之神

現供奉處	北野天滿宮
故事背景	出身不高，但靠著卓越的能力爬上高位，卻被藤原家誣告，最後客死異鄉。
怨靈事件	★ 陷害他的政敵全部GG。 ★ 皇居裡發生落雷事故。 ★ 目睹事故的醍醐天皇也隨之駕崩。
備註	被人們與「雷神」做連結。

平將門

怨靈指數 ★★★★

又名 神田明神

現供奉處	首塚，位千代田區
故事背景	身分不算高的貴族，後率領關東武士們叛亂，自稱「新皇」，後卻在一場作戰中，被箭射中腦門，當場橫死。
怨靈事件	★ 傳聞首級曾大叫「我的身體在哪」，然後自行朝關東飛去。 ★ 曾有政府當局想要移走首塚，卻都發生靈異事故。
備註	武人的代表。

崇德上皇

怨靈指數 ★★★★★★

又名 怨靈之王

現供奉處	白峰神宮
故事背景	因不受自己的父皇喜愛，接著和親生弟弟打仗戰敗、被流放之後，決定抄寫經文爲戰爭中往生的亡靈供養，但都被天皇家退回，最後發狂似地用自己的血寫下詛咒文字，終悲憤而死。
怨靈事件	後鳥羽上皇被幕府流放。
備註	明治天皇在即位前，還將崇德上皇的靈社從外地接回京都。

6. 鬼與天狗——日本神怪特有種

講完了威力強大的怨靈，接下來我們來說說日本的天狗和鬼這兩種特異於中華文化的存在。

擁有讓天下大亂能力的妖物

天狗的起源，的確是中國古典中會帶給人們災禍的流星。但是到了日本，天狗擁有了另外一種形象。在古典《平家物語》裡，天狗被描寫成是鳥、狗、人類合體的怪物，但是到了描寫南北朝戰亂的《太平記》裡，天狗開始擁有更人格化的形象，並且成為在歷史裡暗中活躍的妖物。

被描寫成昏庸沉迷酒色娛樂的鎌倉幕府末代領導者北条高時，

非常喜歡當時流行的舞蹈「田樂」。結果某次高時酒醉之後，和十幾個田樂舞者一起跳舞跳到樂不可支。因爲實在太過開心，所以服侍的女中忍不住從房間外的門縫偷看，結果嚇了一大跳。

因爲和高時跳舞的不是有著鳥嘴，就是長著翅膀的穿著山伏（修驗道行者）衣服的異形怪物們。嚇個半死的女中當然馬上叫人過來，結果高時丈人趕到的時候只看到高時一個人醉倒在房間中間，榻榻米上只留下了無數個鳥獸足跡，大家才發現剛才和高時跳舞的原來是天狗化身成人類的妖物。

沒有多久，鎌倉幕府就兵敗崩潰，而北條高時本人更是和全族一起自殺滅亡。天狗在此被描寫成蠱惑人心、引發天下動亂的存在。

鎌倉幕府滅亡後，足利尊氏創立室町幕府而讓日本進入了南北朝的大混戰時代。

在無數場天災地變和災害發生後，某個出家人在山伏的帶領下入山，在山裡看到了奇怪的景象——豪華的建築物裡，在最高的位子上坐著一隻金色的大鳥，兩旁則是手持武器的壯漢，左邊是好幾個穿著天皇禮服的貴人，右邊則是數位穿著華麗袈裟的高僧。

山伏告訴出家人，金色的大鳥就是崇德上皇，左邊的貴人們是冤死的歷代皇族們，也包括了與足利尊氏抗爭失敗，失意而終的後醍醐天皇；右邊則是玄昉、眞濟、寬朝、慈慧、賴豪、仁海、尊雲等知名已過世高僧。這些人物集合在一起，成爲了惡魔王的首腦集團，正在討論如何讓天下大亂。

出家人這才發現，這次的深山之旅原來是到了所謂的「天狗道」走了一圈，遇上了這些業力引爆的魔王們。《太平記》的後半段，大半都在描寫這些怨靈和天狗們發揮惡力而讓世間陷入戰亂地獄的故事。

不過，天狗其實也不是只有這種邪惡的形象而已。更多時候，天狗象徵的是一種超能力。

對於天狗的各種奇想

記得我國中時曾經看過一部拳擊漫畫叫《B.B》。這部情節豐富的作品曾經拿過當年的小學館漫畫大賞，但內容當然不乏中二的荒唐熱血橋段。男主角高樹翎練成了讓對手絕對躲不過的「十公分炸彈」，結果另一個男主角森山仁為了練成與之對抗的「鋼鐵之身」，只好跑去足柄山裡的佛寺尋求神祕的拳法。結果迎接森山的是戴著天狗面具的僧兵拳法高手們，而足柄山也正是天狗傳說的盛地。

在足柄山的最乘寺，除了有傳說中天狗穿的巨大木屐外，還有造型栩栩如生的天狗立像。雖然這只是漫畫裡的表現，但是其實也顯現出了日本人對於天狗的一般印象。

日本史上著名的戰神源義經，之所以能一身絕技打敗當時全盛的平家一門，據說就是在京都郊外的鞍馬山得到鞍馬天狗的眞傳。

後來源義經在京都五条大橋與後來的忠臣、孔武有力的怪僧武藏坊弁慶對戰，使用的也是傳說中天狗擁有的絕佳跳躍力戰法。

足柄山的最乘寺，有出家人爲了守護佛寺而化身的道了尊者天狗化身，還有高鼻子的大天狗和長得像鳥的小天狗三種天狗像，而這三種形象也分別象徵了日本人心目中天狗樣貌的階段演變。早期的天狗就像前面《太平記》裡所描述的一樣，是類似鷹形的妖怪，後來轉化成破壞佛法、擾亂世界的妖魔，在這個時期的天狗，開始變成鳥頭人身、穿著修驗道山伏的造型，也就是所謂的鴉天狗或是小天狗。

而後天狗變成我們所熟悉的紅臉高鼻子形象，也就是俗稱的「大天狗」則要等到江戶時代之後了。

這種造型的變化代表了天狗從初期的天文異象、流星的具象化，到後來只在日本出現的妖魔化形象。尤其是中期出現鴉天狗而開始定型的山伏裝扮，其實就是一般人對於在山中修練，似乎擁有超人法力的修驗道修行者的好奇和畏怖所產生的結果。這也是爲什麼在日本許多傳承文學裡，天狗是由修行不愼，誤入魔道的高僧變成的原因。

像《太平記》裡的衆天狗，就是由帶著怨恨死去的皇親貴族所率領的高僧軍團，這些人因爲生前修行深厚或是位高權重，所以死後變成天狗之後自然也就妖術威力驚人。不過有趣的是，這種對於天狗的想像並不完全僅存於負面印象，像是前述的最乘寺道了尊者，就是化身爲天狗以神通力和怪力守護佛法。

類似的傳承，也存在於群馬縣以日本最大天狗面具聞名的迦葉山彌勒寺。該寺傳說中的高僧中峰尊者先是發願輔佐自己師尊，生涯不曾衰老，一直都保持童顏形象就已經夠神奇了，最後還在自己師尊讓位之後，丟下一句「其實我是迦葉佛的化身，我已經完成我的世間任務，將化成精靈永住此山中救渡衆生。」就此幻化不見而在原地留下一個天狗面具。

大天狗

鴉天狗

所以天狗不只是讓人感到恐怖害怕的存在，有時候也可以是正面能量的化身，但不變的是，這種謎樣生物（？）在日本人心中代表的神通力和神祕想像。

天狗除了是修驗者和走火入魔出家人化身之外，其實也被視爲是平地居民對以山爲主要生活場所的「山窩」民族的想像寄託。

就像前面所講的，日本古代從神話到價値體系，其實都以農耕文化做爲主體，對於農耕文化以外的非定居族群，或是生活形態與平地農耕民有一定程度衝突的山民們，農耕族群存在著一種幾近歧視的偏見。但是在偏見之外，似乎又有一種因爲不了解而產生的奇怪想像——因爲對農耕民來說，這些在山裡來去自如、行動如飛的非我族類們在他們的想法裡是化外之民，但是好像又具有一些神祕的能力。

於是像水木茂號稱在南洋遇到的靈異「天狗倒し」，也就是在半夜聽到因爲伐木而讓大樹倒下的聲音，但是隔天早上去現場卻發現沒有任何樹木被砍伐的現象，或是類似像臺灣被魔神仔誘拐的「天狗さらし」，也就是村民被天狗綁架之類的民間傳承，也都存在於日本山地與平原共存的鄉間各地。

簡單來說，這些都是日本人對於神祕他者和傑出宗教者的想像，而這些想像也塑造出了天狗這種日本原產的特異生物種——雖然沒事被栽贓許多壞事的天狗好像也是挺雖小的就是了。

妖怪、鬼、幽靈，傻傻分不清楚？

介紹完天狗之後，當然要來看看「鬼」這種日本文化裡的獨特生物了。說鬼是「生物」可能會讓許多臺灣讀者們覺得困惑，但是眞的沒錯，在日本文化裡鬼眞的是一種生物，而不是我們所認識的「人死後變成的東西」。

我們所說的鬼，在日本文化裡稱爲「幽靈」，而我們所熟悉的厲鬼之類的恐怖亡靈，在日本就是前面提到的怨靈了。

一般講到日本的鬼，可能先聯想到的桃太郎故事裡穿著虎皮丁字褲，全身皮膚是藍色或紅色，頭上還頂著角的爆炸頭獠牙壯漢，也就是日本在節分時期進行撒豆祈福儀式時，被大家一邊嘴裡念著「福在內，鬼在外」，而用豆子驅趕的鬼。這種鬼的典型造型，其實早在十三世紀前後的〈北野天滿宮緣起繪卷〉〈餓鬼草紙〉〈吉備大臣入唐繪卷〉等繪畫作品裡，就以地獄鬼卒、餓鬼瘟神、人死後的亡靈等各種人設出現過。而且在日本古代，對於「鬼」的想像其實更為寬廣，像是在〈泣不動緣起繪卷〉〈融通念佛緣起繪卷〉裡，鬼的定義其實更接近我們印象中的各種異形妖魔鬼怪，所以時代再往後一點的《百鬼夜行繪卷》裡，我們仍然可以看到被稱呼為「鬼」的各種奇形怪狀妖怪。

尤其是「付喪神」這種日本的特殊俗信，更是在《百鬼夜行繪卷》裡大為活躍。所謂的付喪神就是人類使用的道具在經過百年之後，就會附上精靈而變成妖物。付喪神的日文念法「つくもがみ」也可以寫成「九十九神」，有「種類衆多的鬼神」和「九十九年」，也就是只差一年就達到成爲妖物的鬼神兩種解釋。所以在繪卷裡，我們可以看到生出四肢的老舊木箱或是破爛雨傘化成的鬼怪。

也就是說，在早期妖怪和鬼，甚至幽靈這幾種概念的界線是不太分明的。

酒吞童子與茨木童子的傳說

但是除了這些傳承之外，日本的「鬼」還是存在著另外一個較爲明確的系譜，也就是以酒吞童子、茨木童子等爲代表的鬼族傳說。

日本南北朝時代成立的〈大江山酒天童子繪卷〉裡，描繪的酒吞童子（天與吞同音）與其愉快的好朋友們，就是一副現在我們熟悉的日本鬼長相。

物語中的酒吞童子原本住在京都附近的比叡山，結果因爲傳教大師，也就是日本佛教之父最澄在當地開設了天臺宗延曆寺，而讓酒吞童子一行「鬼」失去舊地，流浪到大江山上，一邊生活，一邊爲了報復而擾亂民間生活，甚至還常常捕捉民衆或是女性，用菜刀宰了之後當作食物吃掉並且飲酒作樂。

於是朝廷就派遣了著名武將源賴光，與其被稱爲「賴光四天王」的四個得力部屬前往當地討伐惡鬼。賴光四天王裡除了有在另一個鬼族故事《茨木童子傳說》中大顯神威的渡邊綱之外，還有家喻戶曉的童話《金太郎》主角坂田金時（跟某著名漫畫主角無關喔）。一行人在神佛的幫助下潛進了酒吞童子住處，在一番鬥智鬥力後，賴光軍團成功砍死了酒吞童子，被砍頭的酒吞童子極爲凶暴，其首級還一度想要咬死源賴光，最後源賴光一行人把酒吞童子的頭拿回京都給天皇過目之後，把它收進了京都宇治的寶藏庫裡。

酒吞童子身爲鬼族代表，最後落了個被騙、被宰，頭還被拿去給仇人參觀的下場。但是其手下茨木童子同樣在日本擁有極高知名度，卻不像他的前老闆一樣悲劇收場，而且還有點帥氣。

首先茨木童子在傳承中大多都說他是酒吞童子的部下，但也有人說他是酒吞童子的小孩。甚至，呃，也有人說他是酒吞童子的戀人——但不知道是男朋友還是女朋友就是了。

反正茨木童子出沒在京都的一条戻橋附近，也就是傳說中的陰陽師安倍晴明在橋下放置式神（用法術驅使來爲自己做事的鬼神）的地方。某日賴光手下的渡邊綱在晚上經過這裡，遇上了個希望載自己一程的美女。

既然身爲武士，爲可愛的女士展現一下紳士（不要自己加注音！）風度服務一下也是很合理的，於是渡邊綱就把美女載上了馬準備過橋。結果美女瞬間變回茨木童子，抓住渡邊綱的頭髮準備一起飛回自己棲息的愛宕山要報之前的老鼠冤。渡邊綱立刻拔出自己佩帶的名刀，揮刀砍下了茨木童子的手腕，茨木童子則是負傷逃離現場。

渡邊綱把這隻切下的鬼手拿去給自己老闆源賴光過目，在安倍晴明的建議下決定在家中「物忌」，也就是閉關七天。結果在渡邊綱閉關期間，自己的岳母跑來探望自己，這下女婿也只好破禁讓她進來，還把砍下來的鬼手拿出來要給丈母娘開開眼界。結果岳母突然大叫：「這是我的手啊！」並且奪走鬼手，原來她正是茨木童子的變身，搶回自己手腕的茨木童子馬上飛天而去，從此不知所終。

「童子」不能和屁孩劃上等號

看到這裡，可能朋友們會有一個疑問，就是爲什麼鬼族的學長們名字都有個「童子」呢？如果眞要取名字的話，什麼「天尊」甚至「館長」（誤）之類的不是帥氣多了，幹嘛要用個「童子」這種聽起來很像屁孩的稱呼？

其實「童子」代表的是成年之後，髮型和穿著仍然保持童男樣式之意，也就是說這些人和農民是不同族群，從農民看來是離經叛道而不正常的。後來從事各種宗教儀式、各地聖域的環境清潔，甚至是擁有特別神力的特殊族群，也以這種方式和一般農業族群區隔，並自稱是「鬼的子孫」，以保障自己的職業壟斷和賦稅減免等特權。像是過去為比叡山服務，在天皇出門時擔任扛轎任務的「八瀨童子」就是最好的例子。

後來這些獨立於農耕文化的人們，開始與主流社會越離越遠，最後甚至成為了賤民等被歧視的對象。而「茨木」也是現存於大阪的地名，也眞的還有人是姓茨木的。

這群人在節分撒豆儀式時，不像一般人念「福在內，鬼在外」，而是「福在內，鬼也在內」，隱隱約約表現自己是茨木童子的子孫。而「童子」的稱號，也正好說明了鬼和天狗一樣，都是農耕族群對於自己以外的他者想像，甚至是歧視的產物。

不管是酒吞童子或是茨木童子，都被說成是出生時就牙齒長齊，而且全身體毛濃密的「怪胎」。而對於朝廷所代表的大和民族農耕文化來說，不管是山民所代表的天狗，或是其他族群所代表的鬼，就算他們什麼都不做，只是活著，光是想像他們與農耕民族相衝突的生活模式，就足以讓農耕民族把他們講成是邪惡的混帳。

但是這些混帳又擁有一些農耕民族所沒有的特異功能，於是這種又嫌惡又畏懼的心理，描繪出了鬼和天狗這兩種特異形象。天狗會形成還情有可原，畢竟像修驗道山伏這種在山裡活動自如，嘴裡不知道在念些什麼眞言咒語的奇形怪狀，seafood 們本來就看起來怪怪的。

可是鬼也許是被後來才統一日本的大和民族所壓制的先住民們，也或許是因爲環境不允許農耕而只好以山做爲獵場、以肉類爲主食，卻被講成是吃人的另外一種生業族群，甚至有說法是根據酒吞童子等傳承中，對於鬼的外貌描述，提出了所謂「鬼」可能就是因爲各種原因因漂流到日本的俄羅斯白人——茶色頭髮、淺色眼睛、白裡透紅的皮膚，嗯，好像還眞有點說服力。

但無論如何，這些人都好像不必被妖魔化成這樣。尤其是日本最有名的桃太郎童話，長大之後才發現根本就是屁孩收了雉雞、猴子和狗當小弟之後，沒事跑去人家島上暴打人家一頓之後，還搶了人家財寶的霸凌故事啊！被打的一方錯在哪裡？很簡單啊，誰叫你是鬼！

所以最可怕的，一向都不是作祟的天狗或是吃人的鬼族，說不定是這些日本傳統裡隱藏的排他性格。這些傳統可能已不復存在，但就像拙著《圖解日本人論》裡所提到的，日本對內以和爲貴的背後，其實也代表了對外時常有非我族類式的他者觀。但無論如何，現代社會也算是還了被汙名化千百年的鬼族們一個公道了。

不信你去看看《陰陽師》或是《ＦＧＯ》裡童子和好朋友們帥氣的樣子……

貴爲鬼族代表的我，頭居然被源
賴光一行人砍下！
真的好夏夕夏井～～
我好恨啊～～～

誰能比我帥！
雖然我的手被渡邊綱砍下來了，
但至少我還有拿回我的鬼手～～

番外篇

聽說玉皇大帝是CEO？

之前在網路上，大家瘋傳一張神界的「企業組織圖」。圖裡把所有神明的位階整理了一番，讓一般人也可以了解臺灣眾多神明的上下關係，獲得許多網友的好評。

的確像臺灣這麼多的眾神明，到底誰大誰小、誰高誰低，許多人也真的搞不清楚。不過這張圖也受到很多攻擊，最多的攻擊點就是排序亂七八糟，或是「根本不是這樣」。圖上把太上老君說成是公司的董事長，三清道祖是常務董事，玉皇大帝則是集團總裁或CEO這樣。而這種說法也讓很多朋友不能接受。

到底誰是老大？

就像同樣號稱「八百萬神」的日本神道，臺灣和日本同屬多神信仰。多神教本質就不同於伊斯蘭教、基督教等一神信仰，許多神明信仰都是在不同的脈絡、傳統，甚至地域形成，再被當時的國家權力或是文化力量加以整合起來的。所以多神信仰裡的神明位階，本身就充滿了人爲因素與矛盾，而這也是多神信仰的特徵之一。比方說一般都認爲日本的天照大神是皇家之祖，也是衆神最高位，所以伊勢神宮才能君臨於神社團體的「神社本廳」頂點。

可是如果看神話記載就知道，天照大神是伊邪那歧和伊邪那美兩位創世神所生，就算媽媽在黃泉當死神歐巴桑了，那再怎麼排也是爸爸伊邪那歧位階比伊勢神宮高啊？可是祭拜伊邪那歧的多賀大社，以前還得蹭伊勢神宮的參拜人潮，甚至有「到完伊勢就到多賀，伊勢是多賀的小孩」這種想藉伊勢熱潮發大財的口號出現。多神教裡的神明既然形成於不同族群和地區下，自然每個神明都有自己的信衆，大家都會想要強調自己的神明多偉大多衝，所以有時候這種「誰最大」的爭論其實很容易讓大家各自引經據典、各說各話了。

好的，但我們還是可以從宗教儀禮和實際的祭祀狀況做出一些分析。基本上「太上老君」當然不是董事長了。因爲如果曾經觀察過臺灣道教的科儀（形式或儀式），就會發現道士們祭壇的掛圖的確不是玉皇大帝，而是「一氣化三清」的元始天尊、靈寶天尊和道德天尊，而道德天尊就是太上老君，也就是寫《道德經》的老子。

因為老子姓李，所以在唐代皇帝同為李家宗室的時代，其地位被大幅提升。三清道祖分別是玉清、上清、太清三個俗世之外的天界主宰，是「道」的擬人化神明。而玉皇大帝則是我們住的世界裡的天神之首，如果從這個角度看，三清道祖的確地位高於「天公」玉皇大帝，但是祂們不是我們這個世界，也就是我們「這間公司」的人，所以說人家是常務董事甚至是董事長，還真的怪怪的。

我們這個世界最大的就是「天公董仔」才是。

其實，心誠則靈就好了……

再者，天公下面當然有許多員工了。很多人常聽到玄天上帝這個名字，而且祂在民間被稱為「上帝公」，聽起來好像跟天公是同一個人。但是玄天上帝的別名又稱眞武大帝，加起來就是「玄武」

兩字，也就是北方星宿的擬人化神明。

這位在明朝曾被封爲軍陣戰神的神明，也在臺灣留下了許多信仰足跡。不過不要因爲祂的名字有「大帝」兩個字就覺得祂是天公，因爲同樣有大帝稱號的，還有關聖帝君的「伏魔大帝」和大道公的「保生大帝」。但是祂們一個是負責發大財和給警察、黑道兩邊都拜的義氣之神，一個是負責開藥治病保平安的醫神，就連媽祖也有「天后」之稱，但是祂可不是天公老婆一樣。

這些帝后稱號，都是當時的權力者爲了彰顯神德所封的好聽名字，就像日本的稻荷神也被朝廷封爲「正一位稻荷大明神」。可是稻荷神的名字卻是連在記紀神話都不曾出現過的渡來人家神，後來才和倉稻魂命等「習合」成爲同一存在，而且其實神明位階也不算太高的「親民」神明。這也是爲什麼稻荷神社比較常看到信衆祈求賺錢啦、發大財啦等俗氣願望的原因。

照一般說法，玉皇大帝下面的直屬部屬是主管天、地、水三界的三官大帝，而這三位又被視爲是觀察天文的堯、開墾國土的舜和治水有功的禹三位上古聖人。

這是神界政府的上層構造，有時候也包括了治理冥界的東嶽大帝，因爲東嶽就是泰山，而泰山從以前就是掌握人生命死亡的聖山，十殿閻王則是東嶽大帝手下的行政司法官員。在地方政府階級則是由將城牆擬人化的城隍擔任縣市長，然後土地神土地公擔任鄉村里長的任務。而且地方政府官員是可以替換的，所以各地的城隍和土地公都只是官位名稱，而不像上層長官們是特定人物。

所以我們常聽到每個城隍爺和土地公生日有所不同就是這樣，也常聽到有德有才的人物過世後變成當地城隍、土地公等民間故事。

總合起來，臺灣民間信仰裡的神明位階，就是把各地不同脈絡形成的民間神明，用封建時代的理想階級體系吸納進去之後形成的。

所以其中當然有不少的衝突和矛盾所在，就像如果我們在臺南發生困難，到底我們是該去城隍廟跪拜只因爲祂是市長，還是去王爺公那邊祈求因爲祂是千歲，或是根本應該越級，直接去天壇向天公告狀？那如果我們遇到的是商務糾紛，是不是應該要去武財神關帝廳那邊比較有用？當面對這些矛盾時，我們也只能「心誠則靈」地說服自己了，因爲去爭論這些真的沒有什麼意義。

觀世音菩薩其實是外籍人士！

一般我們講到臺灣民間信仰，很多人都會說因爲有拿香所以是道教。但就像那張神明組織圖一樣，如果我們只說道教的話，其實會離眞正的民間信仰有很大距離。例如根本是歪國人的觀世音菩薩，在臺灣信的人就沒有少過。像是我小時候村裡的廟裡，明明拜的是媽祖，但是媽祖婆後面上方就站了個觀音媽像，表示觀音媽雖然不是主神，但卻比廟的主人媽祖婆地位還要崇高。過去在臺灣廣爲流傳的「八七水災觀音騎龍救苦救難」照片，後來雖然被證明是翻拍日本畫家作品的僞物，但其影響力和傳播之廣也證明了臺灣民間對於觀音菩薩信仰的在地化和虔誠度。而且觀音媽雖然還是修行中的菩薩，可是在臺北龍山寺等寺廟裡，早就被升格成了觀音「佛祖」。觀音佛祖這個稱號也常在臺灣一般民眾裡聽到，可見臺灣人對於觀音菩薩的捧場程度。

偉大的歪國神明，其實不只觀音佛祖而已。民間最愛戴的另一位平民神明三太子，其實原本也是外籍人士。官號「中壇元帥」的三太子，在佛教中是北方守護神毘沙門天之子，原名「那拉克巴拉」，在密教裡則被稱爲「最勝太子」，主要爲護軍之神。在進入民間信仰之後，才因爲祂的童子造型而有了調皮小孩的形象，這種印象更在封神演義等小說的情節裡深入人心，於是誕生了臺灣民間廣受歡迎的太子爺，和沿伸其調皮兒童形象而生的電音三太子等民俗藝能。

在我年紀還小時，總覺得爸媽們在拜的宮廟裡有三太子這種小說原產的神明，甚至還煞有其事的會有童乩在「出駕」是件很蠢的事，後來知道了佛教裡最勝太子的故事，才知道蠢的原來是書讀得不夠多的自己。而當時另一個讓我覺得蠢到爆炸的，就是拜「大聖爺」了。

三太子再怎麼離譜，最少也還有些佛經故事在支撐，但拜大聖爺——也就是齊天大聖孫悟空，就眞的是在拜吳承恩寫的《西遊記》裡的虛構人物，蠢度大概和奉《銀河英雄傳說》裡的楊文里是「華人戰略之神」一樣了吧。

不過後來當我發現印度教裡有位猴神叫哈奴曼，而密教的護法神其實吸收了不少像大梵天王、帝釋天這種印度教神祇時，我又開始覺得好像蠢的可能是自己了。

因爲密教曾經在唐代中國極爲盛行，後來雖然漢傳密教移轉到日本而在中國幾乎完全消滅，但是像中元普度時的瑜珈焰口等科儀就是密教殘留在民間信仰裡的痕跡。雖然沒有直接證據，但誰又能完全否定大聖爺（而且廟裡是完全不用「孫悟空」這個名號的）不是密教護法神殘存於民間信仰的神明崇拜？

熱鬧興盛的臺灣民間信仰

總之，臺灣的民間信仰不能用純粹的「道教」來定義。像是鸞堂信仰也是臺灣很重要的一種，他們甚至有一派稱玉皇大帝一職每過幾年就得重選一次，然後現在輪値的玉皇大帝，正是由「帝君」關公在擔任，也因爲這種救世的角色，所以關公又被稱爲「恩主公」。而且關公也在傳說中皈依於天臺宗的高僧智顗，而成爲守護佛寺的伽藍菩薩。在各種教派裡，關公更被賦予了各種角色，這位三國時代的名將應該不會想到自己生前身經百戰，死後才更是關公很忙。

不論如何，臺灣民間信仰其實充滿了現世利益色彩，也就是民衆不太會向神明祈求要往生、要開悟、要世界和平等崇高心願，反而是像發大財啦、小孩聽話啦、求好姻緣啦、可惡的老闆最好上班上到一半痔瘡破掉啦之類的，這些對自己很重要但是聽起來可能不是很高尙的願望，好像對天公或是三官大帝等貴人祈求也有點瞎和難以啓齒，於是像三太子、濟公、大聖爺這些官階可能不高的神明就大受歡迎。

畢竟管他官大還是官小，只要能保佑我、保佑我家就好了，而這也是臺灣民間信仰的一大特徵，只要名字有帝有后的神明，就比較少看到會有跳該神明的乩身，也是這種心態的佐證。

其實身爲臺灣人，我從沒有覺得臺灣的民間信仰就比較沒水準，我甚至會覺得這種現世利益取向的民俗，更能顯現出臺灣民族的生命力和活力。有些朋友常拿神道祭典的清淨和臺灣廟會的吵雜髒亂做對比，不過那是因爲神道本來就以「清淨」爲最高原則，而臺灣民間信仰的最高價値則是臺語說的「興」，也就是熱鬧興盛，或許廟會時的鞭炮噪音交通阻塞讓鄰近居民會受不了，但那就是主事者在這種價値下覺得的榮耀神明的方式。

但是眞的不要隨地亂吐檳榔汁就是了。

第二話 妖怪與民俗

京都做為一個咒術城市而成立，已經是許多書籍都提過的事實。而京都因為地理環境，經常發生天災人禍，也讓這個城市從來不缺神怪故事的題材。

1. 鄉下人不遇鬼？

妖怪本來就是民俗的產物。

懂日文的朋友就知道，日文裡的詞語念法有讀音和訓音兩種，讀音指的是從漢語裡借用，再以日文假名發音出來，而訓音則是用日文古來的獨特念法。比方像「世」這個字如果用讀音就是念「se」，和臺語發音相近，如果用訓音的話則是「yo」，這就是古代漢語尚未影響日語前，日本人講「人世」時的發音。所以日文詞語是用讀音或是訓音念出來，對民俗研究來講，是個給我們探討與思考的重要切入點。

如果以這個概念來看，「妖怪」這個詞本身就充滿趣味。因爲這個詞用讀音發音念「ようかい（youkai）」，明顯是從中國輸入的外來語，而且要到江戶時代這個百姓生活相對安定的時期，妖怪一詞才開始滲透到民俗層面。

如果用古式的訓讀來念的話，則「妖」和「怪」兩個字都可以念成「あやしい（ayashii）」，是指靈異的超自然事象。而這也是日本傳統對於妖怪的原始概念，簡單來說，就是在生活中出現的非日常、難以理解的未知現象或是物體。

如果從這個論點來看，那麼妖怪文化會在江戶時代才開始流行也是可以理解的。因爲在那之前不管是戰國時代或是更早的時代，不是文化跟財富都集中在京都周圍，其他地區都是鄉下鬼地方，不然就是一天到晚戰亂、天災、人禍不斷，明天都不一定有飯吃，甚至在性命都處在不安全、不穩定的狀況下，哪有心情討論什麼怪不怪？

當然，不管是什麼時代都會有靈異存在。在長久的歷史裡，這些超自然現象多被稱爲「化ける」（化物）。「化ける」一詞意爲

「變形成另一種東西」，而這也是日本傳統對於妖怪的概念，就是非我族類、不可思議的生物或事象。

……還是不要再繼續上日文課好了。

既然妖怪或化物是「非我族類」的存在，那麼傳統日本人要遇上這些異界的朋友就有些難度了。爲什麼？就像序文裡提到的心理現象一樣，就算是鬼魂，如果你遇上的是小時候帶過你、疼過你的阿嬤，你心裡的恐懼可能就會減掉一大半，因爲你知道阿嬤的出現應該不會是要你的命，而是罵你怎麼變這麼瘦？是不是都沒在吃東西？

要產生恐怖的要素，很多都來自以「非我族類」爲前提的陌生。那麼如果像日本鄉間一個家族可能在當地住了百年以上，別說自己親戚了，應該連左鄰右舍，甚至整個庄頭的人以及與其有關連的人都認識得一清二楚，那怎麼會有什麼陌不陌生的問題？如果眞的在自己村落裡出現了一個滿臉鮮血的鬼怪，遇鬼的人會先嚇一跳沒錯，可是下一句可能是：「啊你是不是路尾阿狗嬸那個當兵死掉的第三後生啊？」（誤），然後就人鬼開始話起家常來……

日本人的他界觀

所以只要觀察一下日本的靈異鄉野傳奇，就會發現除了像廁所這種印象中比較陰暗汙穢的地方，其實日本的鄉下居民在家附近是不太遇鬼的。而且這種特殊的環境，也培養出了日本獨特的他界觀。

所謂他界觀，指的就是日本傳統對於人世以外的世界存在空間概念。比方說在「お盆」，也就是中元節，日本也像臺灣一樣有施餓鬼與無緣眾生的概念，但是日本的中元，卻包含了更多迎接祖先靈魂歸來的意義在。

的確，日本也像臺灣一樣，有類似祖先牌位的「位牌」，但是對日本人來講，中元時的祖先是從其他地方回來家裡的。所以日本人會用茄子和小黃瓜插上竹籤，做成讓祖先騎乘回家的「精靈馬」「精靈牛」，較長的小黃瓜做成的是馬，中元一到，讓祖先可以快馬飛奔回來；短胖的茄子做成的是牛，讓依依不捨的祖先當成回程的交通工具。

日本還有修整「盆道」的習俗，即是中元期間，日本人不只要整理墳墓環境（其實現今日式主要以石材構成的墳墓也不太需要整理），也要修整從墳墓到家裡的道路，方便祖先回來。總之從這些習俗看來，日本的祖先靈魂在中元期間是從平常所在的另一個空間回來。

但是這個空間不一定是墳墓，因為日本還有另外一種神奇的習俗叫「兩墓制」，簡單講就是人死後埋在離村莊遙遠的山林裡，然後在離家近的地方或是寺院裡設一個專門供祭拜用的墳墓，裡面當然沒有遺體，但是除了一開始的幾次儀式之外，最後根本就不去埋遺體的墳墓，只參拜離家近的祭拜用墳墓了。

這種兩墓制的形成和早期對於死穢的恐懼，甚至是實際的衛生問題有關，但不管是中元時的習俗或是兩墓制，我們都可以知道日本人想像中的他界，不像臺灣人所想像的模糊地下世界或是更模糊的人鬼兩度空間重疊，而是某種程度上有很清楚的物理空間感的。那麼，他界到底存在於何處？

生命和死亡共存的地方

日本各地分別存在有海上他界、山中他界和天上、地下等幾種他界觀。根據實際的民俗調查，山中他界占了絕大多數，臨海地區會有海上他界的習俗，反而是天上、地下他界的事例相對極爲少數。簡單講，日本人死後的去處以山上居多，不然就是往海上去，然後中元的時候再回家過節。

山上他界觀的形成，當然和日本人過去大多和臺灣一樣，把過世的人「送上山頭」有絕大的關係，而且對農耕民族來講，從山中流到村落的水源是生命命脈，所以山被神聖化是理所當然的事，又因爲祖先們都埋在那裡，所以自己的祖公、祖媽加上生養村落的水脈源頭合而爲一，讓山後來變成了孕育村民生命的「產土神」。

也因爲這種生命和死亡共存的神聖兼恐怖，讓山林自然成爲了神明和死靈聚集之地，這也造成了像修驗道會把山岳想像成從天神到地獄一應俱全的佛教六道世界。至於海上他界的形成除了村落的地理環境之外，也和佛教中觀世音菩薩的補陀落淨土（就是臺灣seafood們講的南海普陀山）有絕大關係。既然對於人世以外的他界有具體概念，那麼要怎麼保護自己，讓自己不要遇到什麼奇怪的東西呢？

答案是保護好自己村落的結界就好。

我們在日本的鄉間村落與外界的交會處，會看到道祖神、塞之神、猿田彥、庚申塚甚至地藏等小裝置，這些都是爲了保護好自己村落的設施。道祖神和塞之神是傳統日本保護旅人和道路安全的夫婦神，通常也被當作是在天孫降臨時爲其帶路的猿田彥神與其妻天宇受賣命，而庚申塚則是因爲傳說干支爲庚申時，人心萬物都會變得冷酷，所以在輪到這個時令時，大家徹夜不眠，精進修行下的信仰產物，但是因爲庚申在生肖裡剛好是猴、雞，所以後來也和帶路神猿田彥被視爲一體。總之，藉由這些咒術措施，讓村落外他界的各種存在難以進入村落，而且對於兩墓制所象徵對死穢的畏懼，也是以同樣隔絕於村落外的方式處理。

所以不只是埋死人的墓地，除了暫厝死人的喪屋之外，連婦人生產時用的產小屋也因爲過程中會產生大量的血穢而都設在村落境外，甚至有些地方連女性生理期時，也得在設於村落境外的「月小屋」暫時生活，藉由這種方式，讓村落完全隔絕於汙穢和靈異之外。但也因爲如此，理論上好像村民在自己生活的村落裡就不會遇鬼或是遇上其他奇怪的東西，但是相對的，村落邊界就成爲可能是各種魔物、靈異徘徊的極度危險空間了。

最容易撞鬼的時間和地點

不過這也不代表在村落裡就完全不會有會遇上鬼怪的地方，像是「辻」這個日文獨特漢字，意指道路交叉口的地方就相對危險。道路的交叉口，想當然爾會是交通流量大的地方，同時也是道路間的交會點。當路幅夠大時，辻自然就會形成類似廣場的地方，也會是人潮聚集之地，就和橋梁或是坂道一樣，辻變成一種空間與空間的連結點。但大家可能會覺得，既然是人潮聚集之地，怎麼可能會是遇鬼的地點？其實這是一種有趣的循環。因爲辻和橋的空間連結概念，讓這些地方通常都會有道祖神、地藏，甚至還有被稱爲「辻堂」的小廟，而人們又因爲要向這些神明祈求心願，又再增添了這些地方的神祕性。

另一方面，除了空間之外，也有容易遇上靈異的時段。最有名的莫過於《你的名字》裡男女主角相遇的黃昏時刻了。黃昏在日文裡有好幾個講法，包括了一聽就知道不太妙的「逢魔時」「大禍時」，還有一般常用一樣漢字寫成「黃昏」，但是假名寫成「たそがれ」（tasogare）的念法。而逢魔時和大禍時這種聽起來很嚇人的講法，其實原因就出自たそがれ這個念法的含意之中。因爲這個發音其實可以寫成「誰そ彼」，用日文簡單來講意思就是「那個人是誰」，也就是說黃昏是白天和夜晚的交會時間，像是人世和另一個世界的交會點一樣，而且視線模模糊糊，看不清楚對方來人的面貌，於是就給了人們想像和恐怖的空間，黃昏也就成了民俗裡容易遇上魑魅魍魎的時候了。

同樣的，一天裡還有另一個時刻也是撞上奇怪東西的尖峰時間，就是所謂的「丑三つ時」。丑三つ時是在半夜兩點到兩點半之間，也就是把丑時（半夜一點到三點）再分成四等分之後的第三段時間。如果以方位來看，丑、寅之間剛好是東北方，也就是風水裡所說的鬼門，而以時辰來看的話，丑三つ時也剛好是萬物都在睡眠之中，黑暗裡的魔物開始蠢動，人世與另一個世界交接的時刻。當然，一般人不太會在這種時候出門。而且在自己家裡睡覺的話，就算眞的遇上「無形的」東西，應該也只會是自己的祖公、祖媽，其實沒什麼好怕的。但是黃昏可能是一般人工作剛結束，要從田裡或是外地回家的時候，在「逢魔時」經過村落境界或是辻、橋梁、坂道等靈異熱點時，就很容易撞見一些非日常的東西，許多妖怪傳說也都發生在這種時間跟地點。

至於像《逢魔が辻》這種文學作品的名字如果出現在眞實地名的話，大家就知道這種「甲組」級的地方應該少經過爲妙了。

2. 愉快的妖怪好朋友們

其實寫到這裡，大家應該已經發現書中出現不少你平常在遊戲或動畫裡曾經看過的角色了。沒錯，這些原創角色其實沒那麼原創，大都是從這些妖怪文化裡取材的。而這些妖怪在江戶時代的大衆文化演進中，從文字敘述開始圖像化，然後在過程中，繪師們又加入自己的想像力，創造出一些虛構的妖怪角色出來。後來又因爲當時風行版畫、小說本等媒體，讓這些「二創」的妖怪角色更深入人心，從虛構角色變成好像眞的會在深夜出現的恐怖想像。

妖怪文化就在這種循環中，成爲了在炎熱夏夜裡，和怪談一同讓江戶人聽完之後全身發寒，然後晚上可以清涼入眠的特殊娛樂。

是的，娛樂。當人們得到自身絕對安全的保證時，恐怖畏懼的感情就很容易轉化成一種追求刺激的娛樂。就像現代遊樂園的各種鬼屋設施和恐怖影視作品歷久不衰，這種追求幾乎是從古至今不變的人類天性之一。而在娛樂化的過程中，妖怪除了恐怖之外，也開始可愛化創作演進過程，從江戶時代的圖像出版品裡，我們就可以看到像「豆腐小僧」這種無害呆萌的吉祥物風格妖怪出現。

關於民俗裡的妖怪文化，其實從明治時代就開始有學者進行系統化的研究，明治時代的哲學家井上圓了就開展了「妖怪學」。但是在文明開化的風潮下，井上的妖怪學重點卻是用科學合理化的解釋，把妖怪當成一種鄉土間需要撲滅的迷信陋俗，後來史學家江馬務所提倡的妖怪研究則是採取另一種思考，就是不要去管妖怪到底存在與否，而是要把重點放在「以前的人為什麼會相信妖怪存在」「製造出妖怪傳說的人們的背後心理」等議題。這種思考也被日本民俗學之父柳田國男所支持，身為農政官僚的柳田也在《妖怪談義》提出以考察妖怪傳說的方式，來探討日本人深層思考構造的民俗學方法論。這些民俗學方法論在我的師公宮田登《妖怪的民俗學》等著作更加完整化，同時也在近幾十年的妖怪熱潮裡，開始有人研究從江戶時代開始的妖怪造型和圖像化現象，學者小松和彥、漫畫家水木茂、小說家京極夏彥爲首的各領域人士，共同打造出了將妖怪做爲次文化創作素材的豐富土壤。

妖怪大集合

從早期的《百鬼夜行繪卷》到江戶時代鳥山石燕的《圖畫百鬼夜行》，一直到現代水木茂的《日本妖怪大全》，就算僅限於這些圖像化作品裡的妖怪種類，要加以整理也都是個龐大工程，更何況從《圖畫百鬼夜行》開始，鳥山石燕就畫出許多只有圖案而沒有說明文的妖怪，這些都被認爲可能是鳥山個人的創作而非眞正的民間傳承。水木茂當然也繼承了鳥山石燕的傳統，除了將過去就爲人所知的妖怪重新創作之外，還加上許多過去只出現在文字作品裡的妖怪，甚至是自己創作出來的妖怪角色。江馬務等學者也曾經嘗試將這些妖怪做各種分類，而我個人則是把日本的妖怪大致整理為以下幾種：

（一）自然現象具體化妖怪：雪女、窮奇、鳴屋、叢原火等鬼火。
（二）鬼怪類妖怪：幽靈、火車、塗壁、見越入道、目競。
（三）動物古怪類妖怪：人魚、海坊主、牛鬼、以津真天、野衾、玉藻前、獺、貓又、鼬。
（四）物品類妖怪：輪入道、船幽靈、金靈、骨傘。
（五）吉祥物妖怪：豆腐小僧、一目小僧、青行燈、狸。
（六）變態怪人類妖怪：垢嘗、黑塚、飛頭蠻、加牟波里入道。
（七）特定族群「妖魔化」妖怪：鬼、天狗、河童、山姥、管狐、犬神。
（八）「雖小」類妖怪：姑獲鳥、滑瓢、般若、燈檯鬼、數盤、土蜘蛛。

？？？？

我是誰

特徵：喜歡豆腐

豆腐小僧

當然，這種分類方式沒有任何學術基礎，是我自己的獨斷。而且裡面也有分類曖昧的妖怪，像是「犬神」，雖然被我視爲特定族群類，不過狗是動物也沒錯，可是書是我寫的，所以我最大XD。

總之，把打雷、鬼火，甚至是暴風雪這些威力驚人，有時候還會傷人性命的大自然現象視爲妖魔，幾乎是世界各地在科學尚未發達時都存在的現象。像是「窮奇」其實是中國的妖怪，在日文裡念成「かまいたち」，眞正的漢字寫成「鎌鼬」。

鎌鼬是一種藏在風中的妖怪，長相就是爪子成鎌刀形狀的鼬，會在寒風吹向人類時，用爪子劃傷，甚至殺死人類。妖怪漫畫的經典之一《魔力小馬》裡就曾經出現過這個角色，而鎌鼬的眞面目，則是因爲空氣乾燥造成的皮膚裂傷，或是塵捲風等空氣對流所造成的風切現象。而「鳴屋」這種傳說中會搖動房子嚇人的小妖怪，則是因爲建築物的建材咬合或是熱脹冷縮造成的疑似靈異現象。

至於鬼怪類妖怪，也是常見於各文化裡的異界生物想像。像是幽靈當然不必解釋，「火車」則是想像中由長得像貓的妖怪拉著並燃燒著烈焰的人力車。火車會在人死後突然出現，把屍體搶走後載著逃跑，而傳說中火車是由老貓死後變成的，和動物類的「貓又」被視爲是同一存在，這也是爲什麼日本人很忌諱死者周圍有貓出沒的原因。

鬼怪類的另一系統，則是日本原產的莫名其妙（笑）類妖怪，這些妖怪的特徵或習性沒有什麼道理可言，通常出現在人煙稀少的野外郊道。像「塗壁」就很像臺灣的「鬼打牆」，會在夜裡出現讓行人到處碰壁的惡作劇妖怪。而目競則是出現在著名武將平清盛的故事裡，是由地上的一堆死人頭組成的怪東西，然後一直瞪你而已。至於「見越入道」也是出現在夜半路上的妖怪，是個光頭。遇上之後如果你一直看著祂的話，祂會越變越大一直到你死掉爲止。

雖然我不知道「變大」和「看死」之間有什麼關連就是了。

而動物類的妖怪，應該也是臺灣讀者所熟悉的。像是《西遊記》裡的蜘蛛精、蠍子精、老鼠精之類的，其實都是這種對於動物長生之後就會幻化成爲妖怪的想像。雖然日本也有「瀨」這種會變身成美女迷惑男性，再趁機咬死對方的妖怪，也有「玉藻前」這種傳說前身是中國的褒姒、妲己等傾國妖姬，後來跑到日本繼續誘惑鳥居上皇的狐狸精，但是日本動物類的妖怪大多保持著動物原型，比較少像《西遊記》裡那種被幹掉時會「打回原形」的想像。

像是「牛鬼」就是一種牛頭巨型蜘蛛，「以津眞天」則是一種巨大的可怖怪鳥，其名字是取自叫聲「いつまで」的漢字假借，眞正意思是「到什麼時候」。有人說祂是餓死者變成的妖怪，但其形象很難不讓人聯想到人瀕死前，在上空盤旋、等著吃肉的禿鷹。「人魚」「海坊主」等妖怪可能是儒艮、鯨魚等實際存在生物的誤認，「野衾」和「鼬」就更倒楣了，根本就是飛鼠和鼬兩種動物，只因爲生態奇特就被當成妖怪。「貓又」是死掉的老貓，只因爲人們覺得貓好像有點邪門所以就出現了這種兩條尾巴的貓妖怪。

把「紅顏禍水」合理化的渣男說法

說到這裡，我們不得不提一下玉藻前這種對於「狐狸精」的中日兩國共通歧視。

如果說妲己眞的像《封神演義》裡講的，那麼積極作惡而且慫恿自己老公紂王進行各種荒淫無道行爲的話，被稱爲惡女好像還有點情有可原。可是就算是完全相信《東周列國志》裡的情節，褒姒也就單純笑點比較高而已，是周幽王自己白爛要花大成本逗老婆開心，後來搞到亡國了也不知道是干褒姒小姐什麼屁事？總之「紅顏禍水」這種講法，眞的就是不負責任的混帳男人們，爲了掩飾自己無三小路用而把責任都推到女人身上的渣男講法。

同樣的歧視也出現在日本的玉藻前傳說。玉藻前是九尾狐變身成的美女，後來成爲鳥羽上皇的寵妃，而讓天皇家發生嚴重的內鬥「保元之亂」，最終因爲這樣而讓朝廷式微，政權重心移轉到武士身上，開展了近七百年的天皇家雖小時代。玉藻前傳說的原型確有其人，名為藤原得子，也眞的有上面那段史實。這樣說起來，玉藻前的紅顏禍水說還眞的有點道理。

但是事實才不是這樣。如果看過拙著《表裏日本》的讀者，就會知道保元之亂的眞正主因才不是因為紅顏禍水，而是因為縱慾渣男。鳥羽上皇之所以寵愛藤原得子而不是正宮藤原璋子，根本是因為鳥羽上皇懷疑璋子被自己的親阿公白河法皇「處理」過，所以才會惡整可能不是自己親骨肉，而是「叔叔」的兒子崇德上皇，也才有後面的皇位繼承內鬥。天皇家的權威之所以會一落千丈，根本就是自己家男人亂搞出來的結果。那為什麼大家會把錯推到「狐狸精」藤原得子身上？

很簡單，因為藤原得子的出身在貴族階級裡並不算高，既然這樣還能得到鳥羽上皇恩寵，甚至可以讓自己的兒子當上天皇，一定是因為她是妖怪，所以才有辦法用妖術媚惑上皇啊！所以玉藻前傳說背後其實藏了兩種要不得的歧視，一種是看不起女人，另一種更可惡，是嚴重的階級優越意識。

賣萌小妖怪

講完不那麼愉快的妖怪種類，接下來我們來聊聊比較可愛的妖怪吧！物品類的妖怪當然是承繼了前述的「付喪神」傳統，這種俗信在江戶時代左右已在民間消失，成爲了一種茶餘飯後的靈異娛樂題材。所以像「輪入道」這種掛著和尙頭的車輪妖怪或是類似的「片輪車」，在《咯咯咯鬼太郎》裡也出現過的長著眼睛、傘柄變成獨腳跳著跳著的破傘妖怪「骨傘」，或是在海上出沒，類似幽靈船的寶船「船幽靈」，甚至是一大堆金子飛進家裡會讓那戶人家發大財的「金靈」，雖然民衆們對於《妖怪談義》津津樂道，可是其實在江戶時代已經沒幾個人相信這些東西是否存在了，所以物品類妖怪其實蠻可以代表妖怪娛樂化的現象。

這種以版畫繪卷形式發展出來的文化，也沿伸出了更多無害，甚至可愛的妖怪角色。像「一目小僧」這種小跟班型妖怪，或是在「百物語」集會，也就是大家在夜裡集合說一百個恐怖故事的鬼故事大會裡，說完第一百個故事就會出現的鬼女「青行燈」等都屬於這種類型。甚至到後來因爲豆腐這種便宜又高營養的食品流行，還出現了手捧著豆腐，也不知道到底要去哪裡要檔三小的可愛妖怪「豆腐小僧」。

而在這種娛樂化過程中，除了新角色的創造之外，也有一些舊有妖怪的二創現象出現。像是本來以「隱神刑部」代表的凶惡妖怪狸貓，不知不覺地也因爲「狸貓買酒」等故事而開始改變形象，到了現代還出現像《平成狸合戰》這種可愛的動畫作品。而像是日本傳統藝品信樂燒的狸貓造型也相當討喜，除了手上提著要去買酒的酒瓶外，還有對大到拖土的ＬＰ，又因爲ＬＰ的日文寫作「金玉」，所以大家相信放個狸貓像就可以招財。

是的，可想而知，會日文的人看到過年有人貼「金玉滿堂」的春聯時會是什麼感想了……

正妹的頭可能會飛走？廁所可能有神明在看你？

既然連ＬＰ都講了，那接下來我們就來看看一些其實滿獵奇的妖怪好了。看過前面的日本神話篇，就知道日本傳統裡其實有不少惡趣味的部分。妖怪文化當然也沒讓大家失望，除了真的有讓人覺得就算他是人也恐怖得要死的妖怪，也有那種與其說恐怖，不如說是「唉油～」的妖怪。

像「飛頭蠻」這種晚上頭會離開身體，但是拖著五臟六腑（噁……）到處飛行的怪東西，與其說是妖怪，不如說是一種奇特的人類種族，而且這也不是日本原產，而是來自中國的神奇傳說。記得香港以前還拍過《飛頭公主》這種超詭異的電影，東南亞一帶也存在著半夜頭會帶著一團內臟飛行的降頭「飛頭降」傳說。最重要的，聽說飛頭族的女生都很正。

只是你把到這些正妹之後，半夜睡到一半你的妹的頭可能會帶著內臟飛出去夜遊而已，看你介不介意這樣。

至於變態類的妖怪其實也不少。像是「加牟波里入道」就是出現在廁所偷看或是騷擾人類的噁爛妖怪，據說這種妖怪是中國的廁神傳說經過輾轉變形後被形塑出來的。也有一說是加牟波里入道生前為一性慾魔人，後來雖然為了戒掉惡習而剃了光頭所以叫「入道」，但是仍然死性不改，到處去廁所偷窺女性，甚至還誘拐並監禁小女生在自己家裡，之後被盜賊偶然闖入家中，才救出被害人，順便宰了入道。入道死後，就變成少數會出現在住宅周圍的妖怪。

因為做為排泄場所的獨特性質，所以從以前的加牟波里入道到現代的廁所花子，廁所陰濕而汙穢的特性一直是怪談產出的溫床。

有鬼就有神，幾年前歌手植村花菜敘述與祖母間感情的歌曲〈廁所的神明〉，說祖母告訴自己，廁所裡有個美麗的女神，只要每天把廁所清理乾淨，自己也會變得像女神一樣漂亮。

而日本眞正的廁所神明，在神道裡是土神埴山姬和水神水波能賣命，這兩柱神明是在創世女神伊邪那美死前失禁的大便和尿（！）裡產出的女神，做爲廁所之神也適才適所。所以植村花菜祖母跟她講廁所有漂亮的女神，還眞的不是騙小孩的。

另外在密教則有烏樞沙摩明王這種天臺宗特有的明王，他被認爲可以用火淨化所有汙穢，所以也被供奉在廁所裡做爲鎮守神佛。

講到廁所，再怎麼樣大家都會有種髒髒臭臭的感覺，除非是相當程度的紳士，不然比起嗯嗯噓噓來說，大家應該還是比較喜歡另一種私密行爲，也就是洗澡吧？但是日本妖怪當然在這方面仍然紳士不落人後，「天井嘗」這種會爬在天花板上不停舔著建築物，然後出來嚇人到發狂、死亡的妖怪，原型可能是來自於壁虎，他的好朋友「垢嘗」就是這方面的傑出人士。

垢嘗這種老司機才不是在美女洗澡的時候出來偷看，而是在人類洗完澡、把器具整理好之後，出來舔浴室或是木桶上面所殘留的人垢。我知道如果剛洗完澡的是美少女，那一定是香的，但是如果剛洗完澡的是老阿北或是歐巴桑的話，垢嘗先生不知道心情會有什麼不一樣？如果想要了解這種心情，建議大家去看一部下流漫畫（別誤會了這是讚美！）《召喚惡魔》裡古辛出現的那段。

但是看完不要想揍作者就是了——漫畫作者和我都是，如果只看那段，讀者可能會覺得作者不知道是什麼變態人物。

但是獵奇妖怪裡，其實還是有帶著淡淡悲傷的角色。像是「黑塚」就是讓人知道其遭遇後，說不定就比較原諒其惡行的妖怪。

黑塚其實是個幽靈鬼婆，這個名字就是指她被埋葬的墳墓。黑塚的特徵很像《水滸傳》裡的母夜叉，簡單來講就是藉招待旅人的方式來誘殺並且吃掉人類。但是黑塚並不是一開始就這麼邪惡，那都是因爲她心裡藏著深深的創傷。

有一說黑塚以前是京都某位貴族千金的奶媽，爲了治療自己心愛小姐的疾病，只好誘殺孕婦，取出裡面傳說可以治好小姐怪病的胎兒肝臟。結果在分解孕婦的過程中，看到她身上的護身符，才發現剛剛殺的居然是自己多年不見的親生女兒。

另一個版本則是黑塚陪著身爲武士的丈夫深入敵地，結果丈夫被殺後，自己只好留在當地潛伏生活。後來遇到了一對感情很好的年輕夫婦，想起自己心愛卻早死的老公，黑塚不禁心生妒意和怨念，就殺了這個女的。結果一樣殺了之後，才發現她是自己留在故鄉的親生女兒。

總之就是這種衝擊和悔恨，才讓黑塚精神失常，變成了殺人魔和吃人鬼。

在恐怖娛樂背後的淒苦歷史背景

物語和繪畫一樣，除了光線之外，還要有適當的陰影才能成就作品的美麗。妖怪故事也是一樣，除了純粹的恐怖和娛樂成分之

？？？？

我是誰

特徵：頭喜歡夜遊

飛頭蠻

外，也因爲這些背後的辛酸情節，才讓妖怪文化更爲豐富而迷人。這種故事背後的淒苦，其實也出現在特定族群類的妖怪身上。這些被妖魔化的妖怪，其實有許多都是被強加上去的恐怖形象。比方說像前面提到的「鬼」和「天狗」，其實可能就是對於先住民族的歧視和山中修行者的未知而產生的刻板印象。

而「山姥」這種女性版的山中妖怪，也可能只是把山民醜化之後的結果，甚至有人認爲是因爲過去糧食不足，而把家中沒有工作能力的老人丟到山裡的習俗下產物。「土蜘蛛」也是在類似的情況下被「製造」出來的妖怪。因爲土蜘蛛雖然在各種故事中眞的以恐怖的大蜘蛛形象出現，不過土蜘蛛在日本古籍裡眞正的意思是反抗大和朝廷而難以教化、擁有各種戰鬥技能但是「性情古怪」的先住民族。

這眞的是欲加之罪，面對可能是侵略者的大和民族，先住民當然會因爲文化不同而抵抗啊！從大和朝廷看來，這群人當然「性情古怪」，難不成還要表現得溫良恭儉讓，然後說「謝謝你們來欺壓我們」嗎？

先住民族被取名爲土蜘蛛的原因，是因爲大和人看他們身體短短的而且手腳很長，覺得他們很醜，所以就叫他們「土蜘蛛」——雖然現在我們不管怎麼想，這種體型應該比自認文明程度高的大和朝廷要來得英俊美麗多了。

看來在歷史裡誰的拳頭大，誰最後打贏眞的很重要。如果當初是先住民族戰勝了大和朝廷，應該是換成他們幫這群侵略者取名叫什麼「五短海蟑螂」之類的名字了。

至於河童更有趣了，這種傳說中頭頂著盤子、身背龜殼、嘴巴像鳥的奇怪人形生物，在傳承的演化裡慢慢變成沒有什麼殺傷力，反而有點滑稽的存在，而且和人魚並列在日本現存最多木乃伊的妖怪——雖然這些木乃伊全都是工藝技術極度發達的江戶時代職人，用貓、狗、魚等各種動物標本組合出來，在當時被視爲「尖端科技的結晶」。

對於河童這種生物的原型，存在有好幾種說法，包括像柳田國男所提出的「凋落神明說」，也就是其實河童是過去土俗信仰的水神，後來隨著民智漸開，還有佛教、神道等系統化宗教信仰出現後，沒有人再繼續相信、祭祀這些過去的鄉土神明，而讓河童以水邊奇怪生物的妖怪形象殘留至今。

剛才提到的「一目小僧」，就民俗學來講，也可能同樣是過去土俗的山神，或是製鐵民族因爲職業病而一眼失明（因爲長期單眼靠近高溫風爐）的信仰象徵。但是比起這種落難神明說，我更支持的是另一個說法，就是溺死屍體說。

因爲我之前在金門當兵，而且當的是軍醫士官。爲什麼日文系的我會變成衛生兵，其實經過了一段莫名其妙的轉折，總之當兵時，我負責衛生勤務和救護車的管理。某次在海龍蛙兵出海訓練結束後，少了一個阿兵哥回來，於是衛生連就派了救護車去海灘處待命等他們搜救。結果這一找找了好幾天，想當然爾也知道最後找到的是什麼了。

那也是我第一次看到溺水屍體，看完的複雜感覺和心理衝擊，絕對不亞於之前我看過的步槍ＤＩＹ爆頭大體——凸出而且混濁的雙眼、變成綠藍色的身體和一種難以形容的皮膚質感，再加上頭髮部分脫落的模樣，根本就是河童翻版。

令人想拍拍的雖小型妖怪

如果你覺得被妖魔化已經很慘的話，錯了。還有比他們更倒楣的雖小型妖怪。這些妖怪本來就已經遇到各種鳥事倒楣到家了，結果還要被當成是妖怪傳承至今。

像是曾經成爲小說題名的「姑獲鳥」，原型是難產而死的女性，讀音「うぶめ」，本來的漢字也是「產女」。日本和中華文化一樣，傳統裡其實充滿對女性的不公平歧視，像是傳說女人如果生產死掉會被打入血池地獄，這點過去讓我非常不能理解——因爲生產死掉已經夠雖小了，而且人家又沒做什麼壞事，爲什麼要下地獄浸血池？後來才知道答案在以前無後爲大的陋習裡，沒幫夫家傳宗接代還生孩子生到死掉，本身就是個該死的行爲。（X！）

而日本也不遑多讓，如果女性生產死掉，下葬時一定要剖腹取出裡面的胎兒，讓她抱著下葬，不這樣做的話，孕婦屍體就會變成「產女」。姑獲鳥這種妖怪會搶奪別人的孩子，後來在日本就被視爲和產女是同一妖怪。

想想，在近世日本女性還眞的滿難生活的，除了生產這種偉大行爲都被修理成這樣，如果再加上身分階級歧視的話，簡直是慘中之慘。

妖怪裡有種鬼火叫「數盤」（皿数え），出現時還會有「一個……兩個……三個……」的數東西詭異聲音。數盤來自於著名的「皿屋敷」怪談，故事雖然有好幾個版本，但是大多都是名爲阿菊的下女因爲美貌，被迫要當人小妾，或是因爲捲入大人們的陰謀，而被誣賴弄丟了重要的盤子，並且因爲這樣備受百般虐待，爾後被人丟進井裡喪命。所以日後半夜在井邊都會傳出阿菊恐怖淒涼的數盤子聲音。

但妖怪文化裡的霸凌對象可不只於女性和身分低賤者。就連壞事都沒做，只是變老變醜都可能被人當成妖怪。

「滑瓢」就是這種莫名其妙心態下的產物。滑瓢就是頭長得圓圓長長而且表面光滑，穿著僧袍也不知道他會做什麼壞事，但就會忍不住覺得「好詭異喔！」的妖怪。這種形容再怎麼看不是高僧，就是老人，大概也因爲這樣，許多傳承裡都說滑瓢，或是剛才講到會越長越高大的見越入道是妖怪的總大將。

嘲笑老人也就算了，像「燈檯鬼」根本就是把靈異趣味建築在別人的痛苦上了。燈檯鬼的故事大概是古代某位日本遣唐使在派任中國之後就音訊全無，幾年後遣唐使的兒子同樣奉命到了中國，卻在某處看到了有一個人用頭頂著蠟燭，身上刻滿刺青然後又被弄成啞巴的「人形燭檯」。仔細一看，這個人居然就是自己失聯許久的老爸，當然這個故事帶著「出外要謹慎」的警世意味，後來也發展出新形態的各種都市傳說。

不過當我看到燈檯鬼故事時，有個重點實在讓我百思不得其解。

的確，這個老爸變成面貌全非的慘狀，被稱爲燈檯鬼也是可以理解的，可是他還是活著的人啊！怎麼算妖怪啊！

不過話說回來，如果眞要實事求是的話，那麼每個妖怪故事都有吐不完的槽。而且如果凡事都是「眞相只有一個」的話，那去看探索頻道，研究霍金的黑洞理論就好了，看妖怪故事幹嘛？

妖怪文化也不盡然只是靈異趣味的漫談而已，在文化人類學裡，我們常用到「etic」和「emic」兩個概念。簡單來說，etic 就是從外部角度從事科學、客觀的研究，而 emic 則是從被研究者角度出發，探訪研究對象的主觀意識和心理。比方說如果從外部客觀來看，會很難理解臺灣人爲什麼要吃臭豆腐這種臭得要命的食物，而且還覺得好吃。

當然，如果外國人以這樣的立場去詢問臺灣人，得到的答案一定會是「啊你不懂啦！」但是emic的研究出發點，就是要理解這句「啊你不懂啦！」的那個「懂」的主觀認定是什麼、臺灣人爲什麼會覺得臭豆腐好吃的思考。

如果以這個角度出發，那麼妖怪文化就不只是日本對外傲人的大衆文化結晶和單純的神怪故事，因爲如果仔細推敲這些神怪故事，就可以像剛才我們所經歷的妖怪巡禮一樣，從妖怪這個切入點，了解到更多平常隱藏在日本文化側面裡的有趣事象。

而且下次你玩神怪遊戲的時候，還可以跟朋友大聲說出「啊你不懂啦！」這句帥氣臺詞了。

3. 福神住進來，主人發大財；妖怪不顧好，全家都雖小

當我們講到妖怪時，通常印象不是作怪就是害人。可是在妖怪裡其實也有一些特定族群，這些妖怪不但不會害人殺人，反而會幫人發大財的。

不知道大家有沒有聽過「仙臺四郎」？就算沒有聽過，去日本觀光時在用餐地點，有時候會看到店家懸掛一張上面寫著「商賣繁盛」的肥宅畫像或是照片。這位雙手環抱胸前，看起來頗有頭家氣勢的肥宅名叫仙臺四郎，其實是位智能不足的身心障礙者。

那為什麼店家會掛一個智障的照片或畫像？因為據說原名芳賀四郎的這位仙臺名人，只要他光臨過的店家，日後都會生意興隆，

所以後來仙臺四郎就被視爲福神和帶來好運的使者，在生前就極有名氣而且廣受當地民衆歡迎。在他過世之後，開始有照相館宣傳，只要掛上仙臺四郎的照片就可以帶來好運，而讓這種民間信仰（？）開始發展。現在不只是在仙臺所在的東北地方，全國的商店都可以看到掛著仙臺四郎照片的店家。

與家族連結的屋敷神

其實把人當成是神在崇拜的信仰在日本並不少見。我們在臺灣所拜的神明，也有一大半都是因爲生前的事績或功德而變成神明的。這種「人神信仰」在日本可以追溯到早期把怨靈升格爲神的御靈信仰，到了中世也有祭拜「大楠公」忠臣楠木正成的湊川神社、織田信長的建勳神社，或是豐臣秀吉的「豐國大權現」和德川家康的「東照大權現」，祭祀德川家康的日光東照宮還成爲世界文化遺產。而仙臺四郎除了這種掛照片求福氣的習俗外，在仙臺也眞的成爲民間信仰的一部分，雖然不是主神但也有祭祀他的神社和寺院。

除了這種做生意的福神之外，日本家庭內也有所謂的「屋敷神」。屋敷神不同於祖先牌位，它是設置在屋外的，基本上像是祖先神或是田地、農耕神般的存在。因爲人之所以會祭拜祖先，除了祖靈信仰的影響之外，大部分還是跟自己的直接感情有關，比方說拜祖先是因爲自己的阿公阿嬤在裡面，如果阿公阿嬤還在的話，那也是因爲拜的是阿公的爸媽或是祖父母。這樣代代相傳下來，就形成了「牌位」這種形式的祖先祭祀。可是如果眞的離自己太遠的世代，其實人是不太能投射情感在裡面的。

就像讀者們也可以自己試試看，如果你家有祭祖的習慣，那關於家人你們可以追溯到上面的第幾代祖先？我想可以背出往上七代的公媽名字應該就算厲害的了。這些七代以上的直系親屬，對一般人來講就是很籠統的「列祖列宗」概念罷了，所以對日本鄉間長久居住於同一世代的家族來說，除了和自己有直接記憶連結的牌位之外，還會有這種位於屋外守護家族的屋敷神概念也不奇怪了。

屋敷神既然附屬於建物，所以遷出的時候也不會帶走，而遷入的新居民要打掉這個舊的屋敷神好像也怪怪的，所以通常會把祂當成是守護自己房子的神明而繼續祭祀。這時候屋敷神就又失去了祖先的含意，變成有點像臺灣「地基主」般的存在。當然，如果新搬來的家族又在這裡住了好幾百年，那麼屋敷神又會開始擁有祖先神的連結，以此類推。

座敷童子，保佑你全家

妖怪裡也有這種類似屋敷神的存在，祂的名字叫做「座敷童子」。座敷童子有男有女，顧名思義大多以小孩的形態出現在房子裡。座敷童子其實也是一種幽靈，會對住在房子裡的家族成員惡作劇，或是捉弄來訪的客人，甚至會和家裡的小孩一起玩。在傳承中家裡如果有座敷童子出現，這個家就會家運興隆，所以在日本鄉間也有特地準備供物，希望座敷童子出現，讓自己家裡可以好運發大財的習俗。不過如果遇到座敷童子卻不善加款待，或是讓座敷童子離開那間房子，則會讓那個家庭倒大楣。像柳田國男的民俗學巨著《遠野物語》裡，就收集到當地說某家人在座敷童子離開之後，就發生食物中毒「咸家鏟」的事件，也就是全家死光光的慘劇事例。

那麼座敷童子這種靈體的來源是什麼？有種說法是座敷童子也是祖先神，只是因爲古代極高的夭折率讓許多小孩還沒成年就死掉沒能長大，所以日文裡有「七歳までは神のうち」（七歲之前都還歸神明管）的說法。這也是爲什麼日本許多靈能者在形容看到的小孩幽靈時，都會說看起來大概是七歲前後大小，那是因爲根據上述的說法，小孩在靈界到了七歲就不會再長大了。

這些小孩因爲沒有長大成人，自然也沒有成家，所以都沒有記載在祖先的名字裡，自然也不會有後代祭祀祂們，但是畢竟是居住者的同族祖先，所以就會以座敷童子這種形態出現。也就是說座敷童子其實也算是一種祖先神，所以小孩們在和座敷童子玩時，其實是自己的叔公祖或是曾曾曾伯公在和自己的子孫享受天倫之樂，而對自己的祖先無禮或是讓祖先離棄這個家時，自然也就是這個家族末日將至的時候了。

座敷童子的來源其實還有另一種更「暗黑」的說法。剛才說座敷童子可能是夭折的祖先親戚，但是另一種說法是這些小孩可能是被強迫登出人生，也就是所謂「間引」的產物。

間引這個詞本來是指為了讓農作物長得更好，所以故意在作物結果時刻意採收一部分，也就是採出果實間的空間，讓剩下的果實吸收原本所有作物均分的養分而長得更好的農業技術，在臺灣稱為「疏果」。像臺灣南部傲人的地區美食「西瓜綿」就是間引的副產品，結果但還沒長大的小西瓜摘下來之後加以醃製後，拿來煮魚湯等料理，其酸甜風味加上西瓜原有的香氣，是臺灣料理的一絕。但是日本古代因為一來糧食不是那麼富足，二來因為大家晚上實在沒什麼娛樂，而且避孕技術又不發達，所以「多子累死爸」的情形常常發生。與其要以有限的財力、物力讓衆多小孩們都發育不良甚至夭折，那麼就像疏果一樣，集中資源在少數留下的小孩，讓他們長大就有必要性了。

是的。在日本的「間引」就是殺死自己的小孩。間引在古代大多是用磨穀類的石磨壓死，或是生產後只要發現是女生，就直接用產湯的熱水溺死。也因爲這些都是未成年，而且還是歸神明管的七歲之內小孩，所以埋葬的方式也不太一樣，通常會埋在廚房或是父母睡處的地下。這也是座敷童子爲什麼會出現在房子裡的原因，所以跟小孩玩的座敷童子不一定是他們的祖先，有時候會是他們無緣的叔姑，甚至兄姐。

有「靈異毛小孩」的家庭錯了嗎？

除了座敷童子外，還有一種被妖魔化得很嚴重的顧家妖怪，就是所謂的犬神、管狐了。讀者可能覺得狗和狐狸應該被歸類在動物類妖怪，怎麼會是顧家的妖怪？因爲在日本的民俗裡，有種至今仍多多少少存在的俗信叫「憑物」，如果簡單解釋，就是臺灣人說的附在身上的「拍咪啊」。只是在日本，這些「拍咪啊」除了惡靈或是凶惡的「荒神」之外，許多都是前面提到被視爲有妖力的狐狸、鼬等犬貓科動物精靈。

而且祂們除了有時候會附在人類身上作怪之外，還有另外一種日本獨特的傳統，就是傳說中祂們可以被特定的家系飼養，被稱爲「犬神持」或「狐持」。就概念上來說，就是某個家族世世代代都可以像養小鬼一樣操縱犬神或管狐，爲主人達成種種願望。

管狐又名「飯綱」，因爲管狐本來就被視爲是具有靈力的動物，在日本還有名爲「飯綱權現」的神明，在山岳信仰的修驗道裡算是滿重要的信仰對象。管狐之所以得名，就是因爲這種精靈據說眞的可以放在管子裡由主人飼養。

而剛剛之所以會把犬神、管狐用養小鬼來做比喻，也是因為傳說中的犬神練成法極為殘酷，像是把活狗埋在土裡只露出一個頭，故意在牠面前放著食物又讓牠吃不到，把狗弄到極度崩潰，而且充滿恨意的狀態下再把狗頭活活砍下，狗頭如果自己飛向食物緊咬不放，那就代表犬神培養已初步成功，接著就是燒成灰後放在容器裡祭拜，祂就會成為實現主人願望的犬神了。

一直到幾十年前，如果傳出某家某戶是狐持或是犬神持，除了會被當成敬而遠之的對象之外，甚至還會影響到男女結婚或是求職、就職。也因為傳說中犬神和管狐會掠奪、偷竊其他家庭的財物回家，所以如果有某戶突然發大財，有時候也會被傳說那家人應該是狐持或是犬神持之類的閒話。

除了犬神、管狐之外，在民間也有蛇持，或稱為「牛蒡種」的生靈持，也就是操縱人靈魂辦事的各種「物持筋」（筋指血脈，物指憑物）傳說。但是物持筋和座敷童子不同，因為算是家族飼養的寵物（？）所以會有繁殖的問題。當管狐繁殖太多，而家裡的食物不夠吃的時候，管狐群就會離開主人，而管狐離開之後，家族就會急速沒落敗亡，和座敷童子的傳說有幾分類似之處。

而且座敷童子再怎麼樣，前身應該都是人類，但狗和狐狸再怎麼厲害都是畜生。所以一樣是家裡有妖怪，有座敷童子的大家都會羨慕，但是有犬神或是管狐的則是會被私底下講閒話或看不起——雖然我是不知道以前家裡有小孩夭折，甚至宰過自己小孩的家庭有什麼好高級的就是了。

事實上，有座敷童子的家庭通常在村落裡都是屬於舊家或是較有威望的名門大戶，被傳說有犬神或是管狐的不是白手起家，就是可能從事的職業比較沒有社會地位——在日本，就連妖怪傳說裡都內含著歧視和看高不看低的元素在。

總之，物持筋聽起來好像很方便很厲害，可是在日本傳統社會裡其實是種被排擠的因素。實際上物持筋厲不厲害沒有人可以眞正知道，但是要拿這種俗信謠言來修理人的時候倒是很厲害的，像是：「那家人根本也沒什麼本事，怎麼可能賺大錢、成大事、當大官啊！一定是用了什麼妖術妖法的。對了，我看他們家不是犬神就是管狐的物持筋啦！」

毛小孩家族眞的很可憐。就像前面提到的玉藻前傳說一樣，有沒有妖力不知道，但是總是被人擺上臺，用來歧視、霸凌他人的工具。

4. 充滿陰暗風華的京都繪卷

京都是日本的千年古都，但是這個古都背後也藏著無盡的黑暗。就像剛才講的，或許也正因爲京都有著歷史的黑暗面，所以才讓這個古都的美麗風華更爲立體。看過拙著《風雲京都》的讀者朋友，應該就看過京都的許多怪談夜話。

不缺神怪的城市

京都做爲一個咒術城市而成立，已經是許多書籍都提過的事實。而京都因爲地理環境，經常發生天災人禍，也讓這個城市從來不缺神怪故事的題材。就像我一直不能理解爲什麼以前日本人要將這個夏天熱得要死、冬天冷到假死的地方當首都一樣，光是平安末年發生的「養和飢荒」，據《方丈記》裡的記載，某個仁和寺的高僧在京都裡，爲每個餓死在路邊的民衆額頭上寫「𑖀」（梵文，音同「阿」），寫了四萬兩千三百多人。當日本發生糧食不足的狀況時，更多人湧進京都，結果耕地本來就不多而且氣候也不算好、人口也多的京都更難以消化，於是就發生上述的惡性循環。但是這些黑歷史，都沒有影響京都做爲日本千年左右首都的地位。

京都人多，但是妖怪更多。郊外的鞍馬山一直是傳說中天狗的居住地，蓋世英雄源義經就是在這裡從天狗處學會武藝，更從鬼一法眼這位傳說是鬼後代的兵法家處偷學了《六韜》這部絕世兵法，《六韜》包括了「文韜」「武韜」「龍韜」「虎韜」「豹韜」「犬韜」，其中「虎韜」更是整部兵法的精髓，這也是爲什麼在現代日本「虎の卷」還是大絕的代名詞。

源義經成名於平安時代末期的源平大戰，而平安時代這個妖異與風雅共存的時代也是著名的陰陽師安倍晴明的活躍時期。在之後的鎌倉幕府成立後，政治中心就從京都移轉到了關東的鎌倉。所以平安時代是京都最燦爛的時代，但有趣的是這個京都全盛時代，卻因為貴族們只顧自己家族的富貴榮華，而讓朝廷陷入財政困難，在藤原家建設金碧輝煌的平等院鳳凰堂的同時，京都入口的羅城門卻因為朝廷沒錢修理，而讓這個帝都大門任其破敗，成為了小說和電影裡盜賊出沒，殺人搶劫的羅城門，也成了妖怪「羅城門之鬼」的出沒場所。

恐怖故事底下的歧視與鄙夷

上面所提到的付喪神信仰，就盛行於平安時代。所以這些因為被人們丟棄的舊器具在成精之後心懷怨恨，就由付喪神的首領「變化大明神」帶領，在半夜的京都成群結隊出沒於街道上，也就是所謂的「百鬼夜行」。傳說中如果人類遇上百鬼夜行，是會被妖怪們奪走生命的。《今昔物語集》等古典文學裡，也有不少貴人遇上百鬼夜行，然後靠著佛教眞言保護而撿回一命的故事。

至於爲什麼百鬼夜行會消失，是因爲當時天皇知道了百鬼夜行已經危害到京都百姓，於是命令僧侶加以退治。僧侶召喚了不動明王手下的護法童子，徹底收服了百鬼夜行的妖怪們，最後衆妖怪在一開始就不贊成出來作亂的舊念珠妖怪引導之下，進入山中接受佛教眞言宗的教誨，最後全都悟道成佛了。可能也因爲這種 happy ending 的結束方式，所以在《百鬼夜行繪卷》或是《付喪神繪卷》裡的妖怪們，與其說是恐怖，不如說都帶點莫名的喜感。

但是並不是所有的京都妖怪傳說都這麼溫馨。就像前面提到的大江山酒呑童子傳說，大江山其實離京都並不遠，而且酒呑童子之前住的比叡山，正是受到天皇器重而開設天臺宗根本道場之地，酒呑童子的流離與喪命，其實背後說不定就藏著大和朝廷對於周邊先住民族的迫害與追殺史實。另一個帶著歧視意味的妖怪傳說，就是武士源賴政的鵺退治故事了。

百鬼夜行

鵺是一種臉像猿猴、身體像狰貓、四隻腳長得像老虎卻又長著蛇尾巴的怪獸，每晚都會隨著黑雲出現在皇居禁裡之中發出怪聲。當時的近衛天皇嚇得半死，朝廷於是命令武士（不知道爲什麼妖怪都得交給一樣是人的武士處理？）源賴政收服這頭恐怖的妖怪。源賴政利用自己優越的弓術，和手下一起把鵺給殺了。

問題是如果光是這樣的話，這個故事不會流傳至今。鵺故事的背後據說藏著更深的含意。

首先，近衛天皇的時代正好就是鳥羽上皇和精力哥白河上皇等人活躍的「平安人生」時代，也是玉藻前等妖怪傳說出現的靈異全盛期。在這群天皇胡搞瞎搞之後，大權開始旁落而讓武士掌握了實質權力。源賴政也是一開始和平清盛合作，最後因爲起兵向平家宣戰，而兵敗在平等院鳳凰堂切腹自殺的源氏武士。

所以在這個時代出現的鵺，其實有人說就是以武士身分起家，後來當到太政大臣並且掌握半個天下的平清盛。因爲鵺四不像的外表，正像平清盛是武士又不像武士，後來是貴族可是又不是純種貴族，是武人但是平氏又以商業致富。明明從皇族貴人看來是低等的武士，卻被傳說是白河法皇的私生子，且還掌握了天下權柄的奇特存在。

最重要的是，平清盛和鵺一樣，是危害天皇家的「妖怪」。鵺的恐怖故事，其實正代表了舊貴族階級對於平家武士的鄙視和畏懼。

只不過在故事裡，源賴政英勇地除掉了妖怪鵺。在現實世界裡，源賴政卻死在妖怪平清盛的手下。

人性化的設定，讓神怪故事更添想像

講到京都妖異的代表，就不能不提陰陽師安倍晴明了。

陰陽師在當時是專管陰陽五行和天文易數的「陰陽寮」所屬國家公務員，在種種傳說的渲染之下，安倍晴明成爲了善於咒術和行法，像是魔法師般的存在。在現代小說和漫畫的影響下，安倍晴明更加被神化，位於京都的晴明神社成為宅男宅女的聖地，而晴明神社的社紋「晴明桔梗」也因爲和舊日本陸軍傳說中擁有「防彈」咒術效果的五芒星一模一樣，而擁有了更多的奇幻想像。

傳說中晴明在橋下放置自己的「式神」，和渡邊綱砍下鬼手腕的一条戻橋也在晴明神社的不遠處，而且傳說中封印鬼手的就是安倍晴明。

安倍晴明的人物像經由夢枕獏的小說和岡野玲子的漫畫，甚至電影、動畫等作品，鮮活地在平成時代的日本重現，尤其是晴明與善於樂器卻有點呆萌的貴族源博雅間，那似友情又似基情的描寫，更是滿足了無數腐女們的想像。

不過自古就傳說安倍晴明善於使役「式神」來替自己做事，在《泣不動緣起繪卷》裡，幫砍下鬼手的渡邊綱調查妖怪眞面目時，作法的祭壇旁邊就出現了種種妖異的靈體和他的手下式神。但是畫中的式神卻是一副鬼怪長相，實際上「式神」也被稱爲「式鬼」。雖然有人說晴明手下的式神是「十二天將」，在動漫作品中晴明也是一副瀟灑地把紙人夾在手上，念念有詞之後就可以召喚出各種式神。

但是就像式神也被稱爲式鬼一樣，其實式神就是異界的低階靈體，被晴明以咒術之力爲其使喚。這種用咒術使役鬼神的能力並不是陰陽師們的專利，早在晴明之前的修驗道始祖，被尊稱爲「神變大菩薩」的役行者就曾修練孔雀明王法，之後便用密教法術操縱，甚至軟禁日本傳統神明一言主爲其做事，後來一言主還跑去跟天皇告狀的傳說。

而役行者身邊也有前鬼、後鬼兩個護衛兼跑腿，角色和晴明的式神極爲類似，但是重點來了，前鬼可不一定是《鬼神童子》裡說的「最強鬼神」，役行者的前鬼、後鬼傳說中本來是在山裡作惡多端的一對夫婦，後來才被役行者收服，跟著一起修行。

現在在修驗道的聖地山裡也還有「前鬼」的地名，也還有稱爲「五鬼」的前鬼、後鬼子孫，現在還有後代在修驗道登山儀式時開設宿坊讓信徒們在山中有居住場所。

也就是說，前鬼後鬼根本是人，是被役行者收服當弟子，甚至當手下、奴隸的人。當然，隨著役行者的神聖化，前鬼、後鬼也成爲了修驗道裡重要的護法神。

古代的眞相如何，其實也沒那麼重要。但是除了神怪傳說外，這種更人性化的設定，或許才更增加了這些鬼怪傳說的深度和想像空間。傳說中晴明的老婆因爲式神長相醜惡而害怕，所以晴明才把式神藏在家裡附近的一条戻橋下面。

如果和前鬼傳說一起聯想，不禁讓我們對式神有了一些新的想像。說不定式神也是人，只是被一般人當成醜惡存在的被歧視部落民？如果朝這個方向去想，那麼晴明夫人討厭式神，不讓式神進屋也說得過去了。而且傳說中晴明的房子裡明明只有他一個人，但是卻有式神來幫他照料生活起居和飼養的動物，會不會晴明房子根本有很多人，只是除了晴明之外的根本就不被當作是人？也因爲身分低賤，所以「式神」也被稱爲「式鬼」，而晴明上知天文下知地理，更重要的是他驚人的情報收集能力，會不會就是這些賤民們在京都四處奔走，爲他跑腿收集情報的結果？比起什麼法術、召喚術、泰山府君術等等，我總覺得想像中不和世人一樣鄙視這些賤民，而讓這些被貴族階級排除敵視的人們爲他效力的晴明，更加神祕而充滿魅力。

找不到出口的愛，或許是通往魔界的入口

而且如果看過陰陽師相關作品的人，會發現其實晴明處理的案例，許多當然是因爲神鬼靈異作祟，但是這些風波的背後眞正的原因其實都是人類的愛恨情仇。

當人的愛憎提升到極限的時候，或許就是所謂的妖怪了。像之

前提到的丑三つ時是萬物沉睡之際，也是陰陽交替、黑暗裡魔物甦醒的時間，所以一般人當然會避開這個時間做任何事。不過還是有某些擁有特殊需求的人，會刻意皮癢地在丑三つ時這種時候出門辦事，那就是有名的「丑の時參り」。

「参り」是指參拜寺社的意思。「丑の時参り」就是披頭散髮穿著白色衣服，然後在頭上戴著「五德」（放火爐的三腳鐵架）並且在上面插著三根蠟燭，拿著貼有仇人名字的草人，在不被發現的情形下到神社的森林裡，把草人用鐵釘釘在神社境內的樹木上，草人被釘在身體哪個部位，仇人就會在相對應的位置生病、疼痛的一種詛咒。而這種詛咒傳說最有名的是在京都的貴船神社，據說現在有時候還會在神社後面的森林發現被五寸釘釘在樹上的草人。

總之這個「丑の時參り」傳說會成立，主要是因爲傳說中貴船明神是在丑年丑月丑日的丑時降臨，所以如果同樣在這個時間參拜並且許願的話願望就會實現。然後傳來傳去，就變成在丑時去做上面講的那種神經病法術的話就可以幹掉仇人。

而「宇治的橋姫」這個美女因爲善妒而使用上述儀式詛咒情敵，後來還變成妖怪的傳說，更加深了「丑の時参り」廣爲人知的印象。能樂裡的演目「鐵輪」，更是把這段故事搬上傳統藝能的舞臺。不過不管有沒有效，傳說中的「丑の時参り」都是損敵七百，自傷一千的行爲，乖寶寶們千萬不要輕易模仿。

愛是世上最美的東西。但是如果這種最美的東西燃燒到極限的時候，或許在灰燼背後出現的，就是通往魔界的入口了。

番外篇

師公手錶，有沒有搞頭？

妖怪在日本不只是一種俗信，更是一種可以發大財的產業。從江戶時代的各種怪談浮世繪，到妖怪大師水木茂建構的妖怪世界，到現在小朋友們喜歡的《妖怪手錶》，妖怪從明治時代文明開化亟欲撲滅的鄉土迷信，變成了動漫文創寶貴的資料庫。

臺灣當然也有這種獨特的民俗資料庫。只是除了少數的學者和愛好研究家外，好像從臺灣民俗出發的創作作品還不算多，成功的更是少數。像是漫畫《冥戰錄》或是取材自現代怪談的《紅衣小女孩》等，都算是其中幾個特例。大部分一般人的反應還是喜歡日本的《妖怪手錶》等作品，然後看到臺灣的靈異事象卻嗤之以鼻，覺得那騙肖仔又不登大雅之堂。

別再問我「世界上有沒有鬼？」

我曾經在某個研討會中發表有關某靈能者的事例，結果可能因爲下面的聽衆大多是動員來的大學生，講了半天整場沒幾個人聽得懂我在公鯊小。想當然耳，提問時間就是大家不理我，讓我尷尬了。最後終於有個學生很勉強地提問，問題是這樣的：

「那教授你覺得世上到底有沒有鬼？」

我眞的白眼翻到尾椎去了。日本妖怪文化可以熱到連中國都拿來當手遊題材了，可是我們還是只在意那些靈能者到底「是不是眞的」。比較少人會去想說那個靈能者所自稱的靈體「王子稻荷」到底是個怎麼樣的存在，爲什麼一般覺得稻荷神的使者是狐狸，但這位靈能者自稱的靈體卻是白龍，然後爲什麼她又會從天理教轉成神道又轉成所謂的靈能者背後的文化脈絡。

我想日本人應該沒幾個人會去討論「妖怪是不是眞的存在」，也只把妖怪當成茶餘飯後的話題，甚至還會覺得遇鬼的「心靈現象」可信度比較高。不過妖怪故事除了包含各地的軼事集成之外，其實也是一種民間文化的累積產物——只是它累積的成果不是書本或正史，而是以故事型式傳承給日本人的無形文化財。因爲重視鄉土，所以這些妖怪故事得以流傳至今並且成爲賺錢的材料。而臺灣對於這些事象除了斥以迷信和沒水準之外，比較少會有人想去討論這些故事形成的背後民衆心理和社會通念是什麼。這應該也是爲什麼臺灣豐富的鄉野奇談除了上述的幾部成功作品外，我們就只有《戲說臺灣》可以看了。

別誤會，以《戲說臺灣》的所有資源，能夠有這樣的成果已經是難能可貴且值得稱讚的了。

可是我們臺灣其實是有很多類似妖怪故事。從早期的林投姐到現代的「魚肉好吃否」，從其實沒有幾個人相信的虎姑婆到煞有其事的紅衣小女孩，從水邊的抓交替到山上的黃色小飛俠，多神信仰的臺灣其實是個鬼怪之島。

像之前的「返校」和「還願」兩個遊戲，之所以會讓臺灣玩家覺得那麼恐怖，正是因爲裡面的場景設定喚起了生活記憶，讓那些兒時的恐怖印象全部湧現回來的關係。所以，臺灣並不是沒有鬼怪文化。只是因爲至今的教育都告訴我們某個西岸大國才是文化根源中心，然後我們長大的地方是不値一提的邊陲的關係，所以我們才一直忽略這些伴隨自己生長的寶藏。

像我就是被這種教育影響的最後一代，生長在鄉下的我當然怕鬼，而且還眞的在老家附近的土地公廟和一次南投碧湖的班遊時，疑似看到怪怪的東西。

以前常常就有人告訴我們軍服上的國徽可以避邪，因爲那是正氣的象徵，而類似的傳說在過去盛極一時的軍中鬼話裡也常常聽到。但是後來自己去當兵才發現，那還眞的是鬼話，明明那個車輪形狀的標誌背後血腥和冤屈的故事才多哩！

然後也有大人告訴我們，如果遇鬼的話就背出《正氣歌》，因爲文天祥捨身取義的正氣沖天，惡鬼邪靈聽了會馬上退避三舍之類的。但是後來才知道文天祥雖然眞的忠義不必懷疑，但是在大宋眞正面臨危機之前，文天祥可是如假包換的「文董」，高富帥兼錦衣玉食還「聲伎滿庭」……後來想想，我在臺灣遇鬼的話，念學校教的《正氣歌》，啊說不定那個鬼根本就只聽得懂臺語，那我念大悲咒還是帝君醒世眞經豈不是比較有用嗎？反正那個時代就是凡是中原來的就是讚就對了。

但現在時代不同，思維也進步了，所以如果今天我們好好運用臺灣的鬼怪文化，眞的是有機會創造出新文化資產的。

你參拜的是日本神明，你知道嗎？

說到這裡，我就想到幾年前和朋友們發生的白爛故事。

某次幾個藝術家朋友到臺南來找我玩，除了品嘗臺南人幾乎偏執（！）的傳統小吃之外，一行人還到了有名的飛虎將軍廟去參拜。飛虎將軍廟特殊的是裡面的神明是日本人，而且是二戰期間殉職的零戰飛行員。不知道是不是日本時代「大人」的形象太過深植民心，在臺灣成神的日本神明大多不是軍人就是警察。像嘉義的義愛公就是爲了幫村民抵抗增稅命令而自殺的日本警官，高雄鳳山的保安堂更帥，拜的是一條軍艦，廟前掛日本海軍旗而且還會放送〈軍艦進行曲〉。我朋友一直很崇拜這位傳說中與敵軍戰鬥而飛機受損，卻爲了不讓飛機摔進村落造成傷亡，而選擇不跳傘逃生，把飛機駕駛到空曠地區墜毀，壯烈成仁的空中戰神，所以當天到了臺南廟裡特別向英靈致敬，並且送上自己的畫作。

說也奇怪，在屏東也有間祭拜「山府千歲」的鎮安宮，裡面的山府千歲不姓山而是山田，然後官拜大佐，成神的過程和臺南的飛虎將軍幾乎一模一樣。但是去探究神明成神的過程是不是眞的本身就是一件很二百五的事，就把它當作是美麗的巧合、臺日友好的溫馨故事就好。

不過飛虎將軍這麼一位愛鄉愛民的大和魂神明之所以會建廟成神，過程還是滿「本土在地」的。聽當地祭拜保生大帝的朝皇宮老主委講，一開始大家會發現「不一樣」是因爲有穿白衣的鬼魂在田野出沒。

鬼魂作祟的方式則是當時只要經過鬼魂出沒地點，耕牛就會烙賽，魚塭裡的魚苗也會長不大。因爲當時以後來建廟的地點爲界，左邊是田地右邊是魚塭，而且許多當地人都做了同一個夢就是「飛虎」要求祭拜——在當地信徒嘴裡，他們都親切地這樣稱呼自己的神明。在當地神明保生大帝的協調之下，村民們開始祭祀飛虎，結果翻肚的魚馬上像喝了白虎湯一樣恢復活力，爾後飛虎將軍就以「鎭安堂」之名成爲當地人信仰中心至今。

沒錯，屏東和臺南兩個拜日本飛行員的廟名字都叫「鎭安」。這個故事本土之處在於飛虎將軍並非一開始即以「英靈」形態出現，而是無主的好兄弟，是在保生大帝講條件之下才成爲神明的，而且更本土的哏還在後面。

民國六十年建廟時，因爲當時政府的反日政策，所以當時是以彌勒佛爲掩護而沒有眞的把飛虎將軍公開當主神來拜。但是由於該地區占了安南區三分之一的人口，所以民意代表和區長都是自己人。

因此當時雖有許多人去檢舉當地祭拜日本人，但是都在市議員和區長等的壓力下處理完畢，也沒出過什麼大事，這些因為拜日本人而產生的騷擾，一直要到近二十年來才算完全消失。

一開始廟裡是有人整理的，但後來就因為少有人參拜而荒廢了一段時間。至於飛虎將軍的「頂頭上司」保安大帝朝皇宮本身也長年沒有主委，廟裡也有各角頭的勢力衝突，裡面都是聚賭的民眾。這些亂象雖然在新主委上任後改善，但是在接任時鎮安堂經費只剩下四萬多塊。在經過了蕭條時代之後，鎮安堂這間小廟也開始迎接了它的「開化期」。

飛虎將軍的「在地化」

大家樂在八〇年代成為臺灣全國運動。

地下賭博大家樂在全盛時期，盛傳的笑話是全臺灣只有兩個人沒簽過大家樂，一個是總統蔣經國，另一個則是超高齡的何應欽將軍。這個笑話除了嘲笑臺灣的賭博風氣之外，其實也暗諷當時外省族群對政治的壟斷和與社會的隔絕——雖然我一直覺得說不定蔣經國也有簽過就是了。

在那個只要能出明牌，正神、陰神、石頭公、百姓公，甚至神經病都能求的時代，陰神出身的飛虎將軍廟前自然開始門庭若市。不過可能因為語言隔閡，所以飛虎將軍一直沒有乩童。不過飛虎將軍和保生大帝一樣，都用「手轎仔」這種方式在傳達神意。結果可能信徒們盛情難卻，阿本仔飛虎哥也開始賜牌支給信徒們了。結果一段時間之後，保生大帝傳達旨意給飛虎將軍，說的話是這樣：

「你現在大尾了膩，大漢了可以出明牌了膩？」

飛虎將軍廟位於大廟朝皇宮的境內，而且又是提拔自己當神明的大人，所以飛虎將軍馬上停止了出牌支的行為。不過信徒私底下又抱怨說保生大帝道貌岸然，結果自己廟裡在辦祭典做鬧熱的時候，降駕廟口要站燈篙時的竹篙高度數字，居然剛好就是那期「特仔尾」的號碼。

嗯，只許保生開號碼，不准飛虎出牌支XD。

最近在三、四年前，飛虎將軍終於也想要「抓乩」（找乩童）了。抓乩對象是一個二十多歲從事裝潢的自營商，是一位常來廟方參拜的信徒。抓乩一事由飛虎請教主公保生大帝，卻又以飛虎將軍的學經歷（！）和天文地理不足而被保生大帝責罵，要他再多修幾年再講。不過飛虎將軍早年手轎寫的是日文，近年已經開始變成中文。問廟裡人士說為什麼會有這種變化，得到的回答也很簡單。

「啊住這麼久了中文也該要學會了啊！」

如果就民俗學角度來看，飛虎將軍已完全進入民間宗教信仰體系之中。而且不管是建廟至今的過程，都充滿了意識形態壓迫的歷史痕跡——別忘了飛虎將軍的命名本身，都來自美國支持國民政府和日本對戰的「飛虎隊」。

而飛虎將軍從必須隱藏主神到今天成爲臺南對日觀光景點之一的演變，也反應了臺灣「官方」對於民間親日感情的立場變遷。這間廟的主委強力主導廟方進行臺日交流，卻必須以「日本人以前管我們，所以以我個人立場不可能去日本」自清，顯示飛虎將軍廟所進行的宗教交流至今，在臺灣仍不像其他神明與中國交流般地無所顧忌。

飛虎將軍的建廟前段歷史是臺灣戰後日本事物藉由民間信仰重建並內化的過程，而日方開始與飛虎將軍的重新接觸，則不免說是部分右派建立於建廟美談的追求「共存共榮」願望。這種潛在於雙方間的落差，將在已經某程度在地化的飛虎將軍信仰中造成什麼樣的新化學變化，也是値得注目的現象。

不小心掉書袋的老毛病又犯了，歹勢歹勢。總之連充滿日系色彩，啊不對人家本來就是日本人的飛虎將軍廟，其實成立的過程都充滿了上面提到的許多臺灣特色。包括像是作祟一下，讓牛隻烙個賽，虱目魚翻個肚，刷個存在感，然後大家樂風波和抓乩事件裡的保生大帝和飛虎將軍間的關係，根本就是大哥把小弟抓來巴頭的臺灣神明階級體系體現。

在民間信仰裡，幾乎看不到我朋友心目中那個威風堂堂的武人風格，而是因為官階不高，所以反而和人民親切，有時候還帶點呆萌的在地阿本仔神明了。臺灣的神鬼世界，連日本軍人都融入其中，呈現出全新的神奇樣貌。

出來吧！師公！

因爲自己專攻民俗學，所以也會在臺灣做田調，因而認識了不少道長法師。所以在和朋友吃飯談笑時，講了這些充滿故事和獨特性的臺灣民間文化。話鋒一轉，從事藝術工作的朋友們和我開始抱怨臺灣文化事業的難做和不長進，像日本，就連妖怪文化都可以有水木茂、《夏目友人帳》，甚至有《妖怪手錶》與《寶可夢》（我真的很想叫它《神奇寶貝》齁）系出同源卻又開展出全新市場的遊戲。只會嘴炮的我，突然把這兩個話題連在一起，向大家發表我剛剛想到的偉大構想：

「欸，那我們臺灣可以來做個『師公手錶』啊」！

語畢，大家先是頓了一下，然後就你一句我一句地熱烈討論起來了。

對啊！臺灣也有很多神奇鬼怪，這些如果拿來做成遊戲素材一定很棒。最好是用像遊戲王的卡牌型式，或是寶可夢的對戰方式，小朋友從手上戴的「師公手錶」裡拉出自己的「好兄弟卡」，然後SR卡林投姐大戰SSR椅仔姑！或是小朋友帥氣地從師公手錶裡轉蛋轉出一條尾端綁著小草人的紅繩，然後大喊：「送肉粽！就決定是你了！」

光用想的就覺得帥氣到要起雞皮疙瘩了。一夥人開始熱中地討論這個可能讓大家發大財的狂想，但是話題背後其實也讓我感受到大家對於自己鄉土的熱愛，和自己文化過去備受打壓的些許無奈。

不過討論到後來，大家開始講到如果是動畫的話一定要有個很讚的主題曲，最好是像〈妖怪手錶體操第一〉那樣，旋律好記而且小朋友又可以跟著跳的。你看那首歌的感染力多強，連完全不懂日文的小朋友都會跟著「ようかい、ようかい、ようかい～ウォッチッチ」。所以到時候我們的師公手錶也可以類似這樣唱啊：

「塞恭！塞恭！塞恭～～亮亮亮！」

……然後那群朋友就以後再也沒來找過我了。

大道公与飛虎

第三話

幽靈與都市怪談的系譜

恐怖類的都市傳說裡，比起各種科普類或是自然現象類的故事，
最可怕的還是人死後變成的各種新形態妖魔怪談。
所以對現代人來講，最可怕的存在永遠是和自己一樣的「人」。

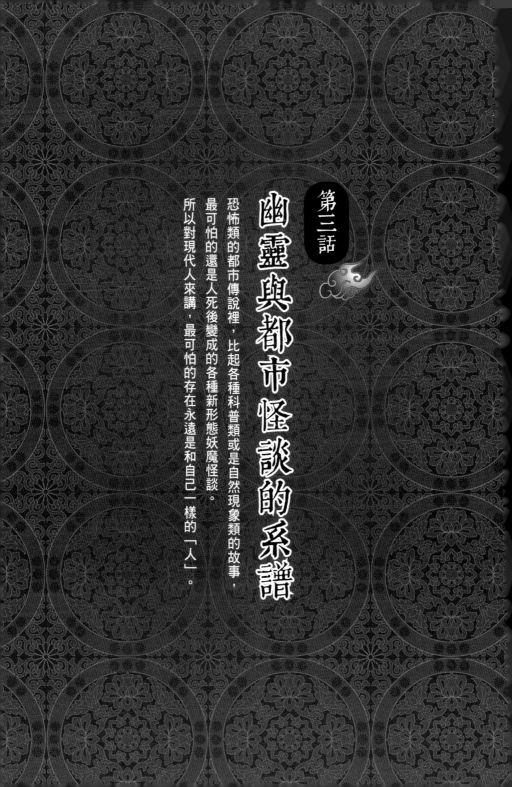

1. 你怕鬼嗎？都市化的新寵物

記得在我十幾二十歲的時候，臺視有個綜藝節目叫《玫瑰之夜》。在那個除了老三臺外，沒什麼選擇的時代，週末夜大家看的電視節目是共同的話題來源。裡面有個單元叫〈鬼話連篇〉，記得一開始好像都是找民眾當來賓，講述親身經歷的靈異故事──後來想想，到底找來的民眾眞的是自行報名參加節目錄影，還是製作單位找來的暗樁也不知道，更別說他們講的靈異故事到底是不是眞的「親身經歷」了。

總之，這個單元播久了之後，大家就發現：「靠腰啊！裡面民眾講的故事好像在雜誌，甚至BBS上看過！」而這種疲乏慢慢地也反映在收視率上面。後來製作單位想到了新的手法，就是除了靈異故事外，再加上觀衆投稿的「靈異照片」單元。這招果然有中，《玫瑰之夜》只要到了〈鬼話連篇〉單元，收視率馬上就會急速上升，當週出現的靈異照片也常成爲下個星期一大家上班、上課時討論的焦點。

靈異照片的單元總是找一位講話腔調獨特、第一句話一定是「這張照片捏～～」的靈學大師，再配上一位講話樣子極爲理智、科學的攝影專家來解釋當週的靈異照片。

靈學大師不管哪張照片都會講那是煞神啦～狐仙啦～地縛靈啦或血光之災啦等等，反正一定是每張都有鬼就是了。但是大家最在意的其實是攝影專家的解說，因爲當專家講到最後的結論是「這張照片我沒辦法解釋」的時候，大家才會眞正地打從心裡發寒，確定這張是眞的拍到鬼怪的「讚A」靈異照片。

前面提到的「魚肉好吃否」和無數著名的臺灣靈異照片和傳說，就是從這個節目流傳出去的。我還記得，在播「魚肉好吃否」

這張照片
我沒辦法
解釋……
來，各位觀眾，
這張照片捏……

那集時，當畫面停在魚肉上有一張阿婆臉的時候，我家電燈突然熄滅但是電視卻還開著，那時簡直嚇尿我和我媽、我妹了。

受日本文化影響的都市傳說

二十幾年過去了，攝影也從底片變成了數位影像。「暗房技術」除了少數專業人員以外，已經不再使用，過去嚇死人的靈異照片，今天可能用PS一個晚上就可以做出好幾十張。

但是這個特殊的風潮已經成爲臺灣人的共同記憶，我有段時間一直覺得這是臺灣的特色之一。後來到了日本才知道，原來連這個我覺得是臺灣庶民文化的風潮，都是受日本的影響和催化下的產物。

的確，後來想想，在我國小到文化中心圖書室看書的時候，眞的總會有一、兩本日本大衆閒書翻譯過來的靈異書籍，裡面滿滿都是當時又害怕又愛看的「心靈寫眞」。

雖然裡面拍到的靈體大多表情詭異甚至有些可怖，但是畢竟拍的都是日本的家屋街景，一看就知道不是臺灣，所以總有種自己位在安全範圍內看圈外的恐怖景象的感覺，也就是前面提到的「恐怖娛樂」感。

但是在這個風潮吹進臺灣，運用暗房技術而讓鬼魂出現在熟悉的臺灣風景裡時，觀看者的恐怖感瞬間提升，因爲這次照片裡的鬼魂好像也可能出現在自己身邊了。

七〇年代，日本開始了所謂「超自然風潮」。先是小學生間流行類似碟仙的「狐狗狸」，接著電視開始頻繁報導心靈寫眞特輯，我國小時在圖書室看到的靈異照片書籍，就是當時隔了幾年從日本傳來的產物。

七〇年代末期開始出現裂嘴女傳說，八〇年代流行「テケテケ」（teketeke）和廁所的花子，九〇年代則是學校怪談的全盛時期。千禧年前後出現了《七夜怪談》《咒怨》等日式恐怖片的新風潮，到今天各種都市傳說型的怪談仍然活躍在網路之間，就像《攻殼機動隊》裡所說的：「在網路裡流竄的鬼魅。」

在日本留學、工作等待了十多年後，我發現原來臺灣的靈異風潮，其實就和過去臺灣追隨日本的流行文化一樣，在日本出現的靈異現象，大概再晚個一兩年後就會出現在臺灣，就連我覺得臺灣本土風味濃厚的「魚肉好吃否」，其實都可能是這種臺日大衆文化連動下的結果。因爲早在一九九〇年六月，日本山形縣的善寶寺，就曾被報導出現了所謂的「人面魚」。

臺灣的人面魚傳說，原來可能只是日本都市傳說換個形式和舞臺出現罷了。《玫瑰之夜》的〈鬼話連篇〉，也只是過了幾年之後，從日本電視節目得到的靈感再生產而已。

都市傳說也有高度傳染性

沒錯，都市傳說就是這樣充滿傳染性。而且既然名叫「都市」

傳說，那就代表這些傳說蔓延和流傳的舞臺大部分都是在高度都市化的地區。而全世界越是高都市化的熱鬧區域，也就代表其先進的同質性越高——畢竟除了車道方向和招牌上的文字，東京和紐約的鬧區大樓群有時候我們還眞的很難分辨得出來。

於是都市傳說的傳染性，開始有了穿越國界不同文化的能力。就像我服務的大學男宿附近，就有所謂的「手刀阿北」傳說。簡單講就是只要在回宿舍的路上，騎機車超過時速七〇公里的話，你身邊就會出現一個用手刀奔跑，而且比你騎車速度還快的玩命光頭阿北，邊跑邊超你車且對你說：「少年仔騎卡慢咧！」這樣。而且學生們還眞的相信這個傳說，靠近傳說中阿北出現的路段就會放慢車速。

可是我一聽到這個故事的時候，就知道這根本是日本「100キロババア」（時速百公里阿婆）故事的臺灣版啊！

如果過去鄉間生活裡的傳承稱爲民俗的話，那麼在都市這種新形態的人類聚落產生的口耳相傳事象就是所謂的都市傳說。

都市傳說最明顯的特性，就是每次大家都會講那是「我朋友的朋友」或是「我的誰的誰」發生的事情，但是從來都不會是說話者直接的親屬或是交友圈裡的人，也就是說來源很難完全確定，但是聽起來又好像離說話者不遠且煞有其事。

都市傳說和民俗不同的點在於，民俗既然立足於鄉土這個基礎上，那麼在大家都互相熟識的環境下，加油添醋這件事就很難發生。因爲把「我朋友的朋友」或是「我堂哥老婆的表弟」一講出來，說不定聽話者就會接：「啊那是不是阿狗他家老三那個去金門當兵的？」這樣這故事不就流傳不下去了？

就像之前「魚肉好吃否」的故事，當時我曾聽過三個版本，裡面最神奇的版本還是當事者是中油的員工，因爲跟我講的朋友就是在加油站打工的。問他們說「那到底是誰？」答案永遠都是他們「加油站裡大哥的同事」——然後中油員工數以萬計，搞到後來當然還是沒辦法知道是誰，但是聽起來就好像這個故事是發生在身邊不遠處，一定是真的。

所以就像之前講的，都市傳說的成立土壤，一定要是像大都市這種人口集中，但是互相熟悉度卻不像舊聚落那樣緊密的地方。

選擇你想聽的都市傳說版本

都市傳說的另一個特性，就是它乍聽之下的合理性。

臺灣過去的民間故事傳說，有些聽起來就是唬爛到爆炸。像是美軍空襲時，媽祖會拉裙子接炸彈之類的，或許這個故事充分發揮媽祖那充滿慈愛的聖性，而且信徒們也一定深信不疑，但是要非信徒以外的朋友們相信，實在是有點難度，就像前面講的「八七水災觀音騎龍救苦救難」例子一樣，有在拜神的當然覺得觀音媽救苦救難，趕快傳一張在家裡拜拜保平安，但是仔細一想，就會覺得觀音大慈大悲，怎麼還放任大水災發生，後來才出來刷存在感？刷存在感也就算了，有出來救人的話，怎麼還會讓八七水災死了快一千多個人？不就跟康安一樣……

寫本書就得罪兩位臺灣最偉大的女性，讓我很擔心以後晚上睡覺時會不會在夢裡被媽祖婆貢咖稱啊……

但是都市傳說就不同了。雖然都市傳說裡也充滿唬洨的內容，但是都市傳說的特點之一就是同個故事會有很多版本，聽者會自動選擇並且接收他願意相信的版本，然後再傳達給下一個人。在這種過程中，其實就會出現像維基百科一樣的「群智效應」，也就是口耳相傳的過程中，每個人都發揮了修正者的功能，而讓都市傳說越傳越合理、越傳越像眞的有那麼一回事。

可是就像維基百科做爲查資料的工具極爲好用，但在追求絕對正確時，可靠度卻有待商榷的情形一樣，既然都市傳說的傳播和編輯者（？）是由一般人擔任，那麼如果某個錯誤觀念是大多數人都共有的，那麼這個錯誤觀念就會一直被傳達下去。

靈異風潮在日本正式展開是在七〇年代的中期。其實當時不只日本，而是整個世界都陷入一股靈異熱，恐怖電影經典《大法師》也是在一九七四年上映的。七〇年代同時也是動盪不安的時代，就臺灣而言，也是在一九七二、一九七九年分別與日本和美國斷交，中華民國開始走上今天沒幾個小國承認的孤立年代。

在國際上，冷戰開始，世界開始直接面對核子戰爭的恐怖可能，而日本也面臨高度經濟成長後的嚴重公害問題，在國內也進入了日美安保條約的超大型學生運動抗爭期，兩次的石油危機也讓向來冷靜的日本人呈現歇斯底里狀態，除了汽油價格高漲造成的種種社會騷動之外，還曾經出現搶買洗潔劑和衛生紙的怪異現象。

總之，當時的日本社會雖然經濟力抬頭，但是群衆心理卻是極度不安的。在這種時代背景，才孕育出了日本全體追逐靈異現象的奇特風潮。

「有女生浮在天花板上看我……」

好了，講那麼多又好像在上課了。我還是來提供一個都市傳說故事好了，只不過這個故事可不是我的誰的誰，而是我自己遇上的經驗。

大阪一向是臺灣朋友愛去的觀光購物好地方。除了大家熟悉的心齋橋一帶之外，距離不遠而且擁有西日本首屈一指的道具街——千日前地區，也是許多內行遊客的買物聖地。

在日本，常發生奇怪事件和現象的地區稱爲「心霊スポット」，如果直譯成中文就類似於「靈異景點」。今天的千日前其實相當熱鬧，除了剛才提到的道具街之外，還有大型電器賣場、以文學作品《夫婦善哉》著名，林立許多日本下町風情小居酒屋的法善寺橫丁，以及電影院、劇場和大型書店等。

只要稍微用網路搜尋一下，就可以找到無數則日本心霊スポッ

ト都市傳說，有心一點的還會附上從今天的角度來看，根本是小學生等級的靈異照片。

所以當我第一次聽到千日前的心靈傳說時，我心裡只覺得「哪個地方不死人？」就連現在京都的避暑盛地鴨川沿岸，在古代都是棄屍盛地，如果只要有傳聞就害怕避諱的話，那大概日本八十七％以上的景點都不必去了。

幾年前我帶著後來的老婆和姪女們到大阪觀光購物，在地下街我開心地買了個日幣要好幾萬元的眞皮皮夾後，就到千日前的某大型電器商場逛了一下。臺灣的女生們——尤其裡面又有我老婆，進到電器商場想當然爾地一定會墜入買物地獄，於是小弟我只好跑到吸菸室享受一下和日本白色七星的獨處時光，結果發生了有點奇特的事情……

怎麼覺得肩膀好痠好重，感覺像有人壓在上面啊？

以教書和寫稿維生的我，肩頭僵硬算是常有的事，不過那時在當地都是以電車為主的交通方式，而且是出門旅遊，一天走下來常常就是超過一萬多步，最重要的是，出門在外又不會窩在電腦前寫稿，所以通常在旅遊期間，這個毛病都會改善很多。

不過那天自從進了吸菸室之後就覺得很不舒服，講誇張一點就好像是有人騎在你肩上的感覺。不過奇怪的是，老婆傳訊息來要我去櫃檯刷卡付錢，熄了香菸出吸菸室後，那個感覺就消失了。

大概是等太久一次抽太多根了所以不舒服吧。結果和「女性陣」會合之後，發現小朋友們居然把裡面放著我新買皮夾的紙袋搞丟了。全賣場都快被我們翻過來了還是找不到，整個經過讓我後來一直對那間電器賣場印象超差，覺得去那裡後整個人都很衰。

過了一年，我結婚了。蜜月非常沒有創意地又到了京阪神，而且一個從加拿大休假來臺灣參加婚禮的朋友也跟著我們一起來日本當電燈泡。到了大阪，老婆選的是一間交通便利，設備也不錯的飯店，唯一的缺點是地點在千日前，而且斜對面就是那間讓我賭爛的電器賣場。三個人先是逛街又是吃和牛燒肉，然後一樣玩得很累，回到飯店就倒頭大睡，一覺到天亮。不過重點來了。加拿大友人一早就用英文跟我說：

“This hotel is creepy. I saw a girl last night.”

本來還想說他是不是半夜自己跑出去喝ㄎㄧㄤ了，外帶日本妹回房間，結果朋友說他昨天累到連鞋子都沒脫，整個人直接倒在床上睡著了，半夜醒來時發現旁邊坐了個女生看著他微笑，好像想要跟他講話。

可能因爲見怪不怪，身體又累，而且說不定那個女的眞的是他斷片後帶回來的，所以我朋友沒有理會這位女士，仰頭想要繼續睡覺。再次張開眼睛時，神奇的事發生了。

那個女生浮在天花板上看著他。

這位加拿大土生土長的西化華人第一次跟我們來日本，就講出「飯店怪怪的」這種話來，簡直就是八字輕的靈異體質。

因爲昨晚我們睡同間飯店，什麼事都沒有發生，所以我也只當我朋友睡迷糊了沒有多想。隔天到了京都，我才想起之前鳥事發生的地點也在同個地方，所以心血來潮地查了查資料。這一查，讓我那天整晚都涼到不必吹冷氣了。

「一百一十八」的恐怖巧合

千日前的地名來自當地的法善寺，法善寺著名的法事就叫「千日念佛」，在決定德川家取得天下的大阪之役後，當地就設立了巨大的千日墓地，還附設了刑場和火葬場。在江戶時代這裡也是死刑犯遊街路線的最終目的地。

日後這種陰森之地仍然擋不住都市化的潮流，過去的墳場、刑場成爲以歌舞伎劇場爲中心的繁華街。二次大戰之後這裡一度化爲荒原，劇場被改設爲以美軍爲顧客的聲色場所。隨著戰後的經濟成長，千日前再次熱鬧起來，歌舞伎劇場移轉他地後，原址改建成千日百貨。

但是千日百貨發生過史上最大規模的悲劇。一九七二年五月，千日百貨已經成爲一、二樓是百貨公司，三、四樓是超商，五樓是俗賣商店然後六樓是遊戲區、七樓繼續是酒店的雜居大樓形式。五月十三日晚上十點二十二分，大火從三樓開始竄起，延燒到二樓和四樓。雖然火災發生在百貨公司已經打烊的時間，但是有毒氣體仍然往上集中，六樓和七樓有大量民衆不是被煙霧嗆到昏倒死亡，不然就是受不了濃煙而破窗跳樓摔死，也有的人選擇使用逃生設施但卻不知使用方式，當場無繩式高空彈跳落地。

所以受害者除了賣場工作人員之外，有許多都是七樓的尋歡客和從業女性。這個慘劇經過當時的電視實況轉播，許多人還記得電視畫面上記者轉播時，背後傳來一聲聲民衆墜地而發出的巨大聲響的恐怖記憶。我還很皮癢地調出當時的新聞畫面來看，發現最多受害者墜樓的地方，就是前一晚投宿飯店正門前的現今商店街。這場火災總共死了一百一十八人，是日本史上最慘重的大樓火災傷亡數字。

這場大火也顯示出過去臺灣一樣也有的弊病，就是雜居大樓各自擺放雜物或是用裝潢擋住逃生空間，讓遇難者無處可逃而喪生火場的可惡習慣。更恐怖的巧合是，傳說千日前作爲刑場，整個江戶時代處死的犯人人數也正好是一百一十八個人。

千日百貨在歷經這個慘劇之後，維持災後的廢墟狀態很長一段時間。後來經過幾次的改建和易主之後，變成了現在的大型電器賣場。雖然包括酒吧和百貨公司相關負責人士有因爲業務致死被起訴且求刑，但是最後都以緩刑結案。當地成爲無人不知的「心靈景點」。不管是在當地上車後突然在車內消失的年輕女性，甚至是許多人聽到半夜從大樓方向傳來小孩呼喊媽媽的聲音，與其說是恐怖，不如說是帶著一點令人心酸的悲哀。

千日百貨火災後九年，原地就進駐了法系的百貨公司，但是業續一直不佳而且還頻頻傳出心靈事件。後來由大榮接手也沒有起色，一直到了二〇〇一年之後才由大型電器賣場進駐。在開業前，賣場當地進行了大規模的地鎮祭（祈求土地平安的儀式），而且還是神道式和佛教式都作，其目的可想而知。

據當地居民傳言，當時不只看到大群的僧侶和神主，甚至還有山伏裝扮，根本天狗模樣的大叔軍團出現，簡直是孔雀王最後決戰的場面。還有傳言說業者從佛教聖地高野山請來高僧要做法事供養這些亡靈，結果高僧看了看當場留下一句話：

「這無法渡啦！」

然後就馬上離開了。當然這些傳說的可信度值得存疑，但是當時進行了大規模供養儀式卻是不爭的事實。而且今天在電器賣場大門前，就眞的存在設在賣場區域裡的「光明地藏尊」，用來供養一百一十八位不幸遇難的死者們。

不過隨著時間過去，事件過後的原地開始出現許多新的都市傳說，包括打烊後從業人員繼續準備明天的營業商品時，整棟大樓會在晚上十點二十二分時，突然自動播放火災警報的放送，或是結束營業準備時，所有社員都要一起離開大樓以免發生怪事等等。至於發生在廁所和晚上吸菸室的怪談，更是不勝枚舉……等等，吸菸室？回想起我上次在當地的奇怪體驗，我再次查了千日前火災的發生原因，結果據說是工人亂丟菸蒂造成的。

而我的加拿大朋友，連日本都是第一次去，所以當然不會知道這些過去的慘劇。本來我還以爲他是作夢或是唬爛，但回想起他遇上的「朋友」，說不定就是徘徊在千日百貨和飯店間商店街，以前在千日百貨七樓上班的女士。可能因爲職業病的關係，遇上了講英文的朋友所以想好好跟他聊聊吧？

最可怕的存在永遠是人

千日前百貨的諸多故事，算是都市傳說的典型了。從這些故事裡，我們可以看到都市傳說的另一個重要特徵就是「與眞實事件某種程度的連結」。

雖然是「傳說」，但是某種程度上是有憑有據的，像是故事裡的千日念佛、過去處於刑場和關原大戰之後建立墓地、發生火災和死亡人數等都是事實。但是江戶時代當地的處刑人數是不是眞的就像火災死亡數一模一樣，若不是本身是史學專家，其實眞的很難去考證，但一講出來就是會讓人不寒而慄，畢竟有許多人當時曾經過電視看到現場的慘狀，現在網路也還可以找到當時的新聞畫面。

而都市傳說雖然內容包羅萬象，包括速食店的漢堡用蚯蚓肉做成啦、迪士尼裡曾經發生小孩在廁所被綁架抓去分解賣器官啦，或是日本某些燒肉店之所以會那麼好吃，是因爲其實賣的是狗肉啦之類的都有，但是這些都市傳說的主要重點還是對於「人」，也就是不熟悉卻緊密居住在同一空間裡其他人的恐懼。

因爲不熟，所以你不知道在你不了解的地方，別人可能對你做出什麼可怕的事情。而像好吃燒肉店的這種都市傳說，其實後面包含的是日本對於在日朝鮮人打從心裡的歧視——不然狗肉在日本哪有這麼好入手？

恐怖類的都市傳說裡，比起各種科普類或是自然現象類的故事，最可怕的還是人死後變成的各種新形態妖魔怪談。

所以對現代人來講，最可怕的存在，永遠是和自己一樣的「人」。

2. 超高速阿婆與量產型美女的悲劇——都市怪談的表與裡

西方人怕鬼，東方人也怕鬼。就算是現代的新寵物都市傳說，裡面比較駭人聽聞和可怕的主角，其實也都是人死後變成的鬼或幽靈類的。妖怪之類的大家都當成哏在講沒錯，但是眞的沒幾個人會相信有什麼一反木棉或是一目小僧。不過對於人死後變成的鬼，倒是不分文化，大家都很害怕，這也是都市傳說繼承了鬼怪傳統之處。

幽靈成爲都市傳說的大勢

雖然對於鬼魂的恐懼幾乎是人的天性了，但是一神教傳統的西方和多神信仰的東方，對於鬼魂的觀感還是有所不同的。

日本最早的歌集《萬葉集》中，思念死去人物靈魂的詩歌，就有地下、天上，甚至山海等死靈去處的描述，而在早期的日本古代文獻裡，「幽靈」指的是「非現世的各種靈魂」。

當然，日本自古對於死亡的畏怖甚至大於中華文化，但那和對幽靈的害怕是兩回事。一方面日本傳統存在著上述對死亡帶來的汙穢，卻又存在像「殯」這種奇異的眷戀死者儀式。

殯指的是人死亡之後放進棺木而暫時不下葬，放在所謂的殯屋裡，經過一段之後再正式下葬的風俗。在殯期間親人們除了進入殯屋哭泣、思念故人之外，還有在棺木旁飲酒，甚至是唱歌跳舞的奇怪習慣。在死人旁邊做這些事的理由，是希望藉由進行這些令人愉快的活動可以讓死者復活，但在這些過程裡，親人們同時也會看著屍體的腐敗甚至化爲白骨，確認已故者眞的死亡之後，再正式下葬。殯的時期隨著死者的身分尊貴而變長，如果是皇族等級的甚至有長達三年之久的。

不知道是不是早期有這種傳統，所以日本人對於死亡所伴隨的惡臭、癘氣等汙穢才會這麼害怕。這種因爲近距離觀察，看著自己親愛的人不但沒有復活，反而日漸從不堪到噁心的親身體驗，也反映在前面提到的伊邪那美和老公伊邪那岐的苦戀神話裡——明明是自己最愛的人，但只因爲對方已經到了黃泉的死亡之國，所以就不得不離開那個已經腐爛發臭，甚至已經面目全非的親人身邊。這種對死亡的畏怖也沿續到中世的怨靈觀，而以御靈信仰的形態將其昇華爲神靈崇拜的一種。

日本的都市生態，雖然可以上推到定都千年的平安京開始，但是眞正出現所謂的大都市型態，則是從平定戰國亂世後的「三百年太平」江戶時代開始。

江戶時代中期，江戶甚至曾經成爲世界上人口最多的大都市，因爲全國武士都居住在這裡，所以江戶成爲了一個消費型城市，也因爲這樣，衍生出來的商機和勞務需求，讓許多在自己故鄉生活不易的庶民們前來江戶謀生，這種人口高度集中的生態，讓江戶這個城市成爲讓怪談口耳相傳的絕佳場所，也就是在這個時期，「幽靈」開始成爲人死後變成的鬼魂代名詞。

像《四谷怪談》〈牡丹燈籠〉等具有多種版本的怪談，就是產生於這個時期。而這些在當時，有的江戶人拿來試膽，有的拿來嚇人、嚇自己以求夏夜裡涼意的鬼故事，也可以說是現代都市傳說的雛形。

江戶時代已經算是民智相對開化的近世時代，所以妖怪等鄉土傳說已經開始不像過去有那麼多人相信，而且到處都是人的江戶是要妖怪出沒在哪裡？所以妖怪開始被拿來當成各種藝術創作題材，但是只要有人的地方就有死人，有死人就會有幽靈，也因此在妖怪變成無害甚至有點可愛的同時，人們害怕的對象就轉到幽靈這種人死後變成的鬼魂了。

一直到現代，鬼魂還是許多都市傳說的主角。但是除了幽靈之外，都市傳說還加入了許多對生活裡的潛在恐懼和不安。所以都市傳說的特性之一，就是眞假交錯、聽起來就是眞的可能發生。有些都市傳說要檢證還眞的需要專家級的知識，這也是爲什麼國外會有「謠言終結者」這種用實驗來驗證各種都市傳說的節目出現。日本當然也不乏這種類似的都市傳說，像北海道的「糞坑廁所爆炸事件」就是其中的代表。

噗通廁所與來自靈界的電話號碼

糞坑式廁所在日本稱爲「噗通廁所」（ボットン便所），名字的由來就是在如廁時，有機物直接掉入池裡的「噗通」聲。

故事是一對情侶相戀後論及婚嫁，男生的父母住在北海道，而且個性非常老實嚴肅，但是既然要結婚了，就一定得跟父母報告，於是女生就和男朋友心情緊張地來到北海道的老家。務農的男生父母住在老式房子裡，在見面聊完之後，想不到男方雙親非常開心，很喜歡兒子的新對象，還虧自己兒子：「運氣眞好，找到一個好老婆。」

可能是因爲心情放鬆下來，女生突然想上廁所了。因爲是老式房子，所以廁所當然也是老式的「噗通廁所」。女生離開客廳如廁不久後，大家突然聽到「砰」的一陣強烈爆炸聲。一家人急忙離開客廳，往聲音傳來的廁所方向衝去，看看到底發生了什麼事。

結果發現廁所整個被炸開，男生的女朋友則是全身重傷躺在地上，還沒等到救護車來就已經回天乏術，喜劇當場變成悲劇。

這個離奇的爆炸慘案爲什麼會發生？因爲冬天的北海道極爲寒冷，所以大部分的人家都是暖氣二十四小時開放，而且門窗緊閉、通風不良。

噗通廁所就是原始的糞坑構造，所以必須等水肥車來抽走裡面累積的有機物，而情侶回家的當天，因爲連日的風雪，所以水肥車已經好幾天沒來，噗通廁所裡累積了不少存貨，而這些存貨在自然發酵之後，產生了大量的甲烷瓦斯，而甲烷是沼氣的主要成分，又因爲閉戶開暖氣而讓通風不良，所以甲烷堆積在用蓋子蓋住的便器下糞坑裡。

當然，男生父母欣賞的好女生才不會做在廁所抽菸這種沒水準的行爲，女生只是脫下貼身衣物準備如廁而已。只是，她的貼身衣物是毛料的，這一脫，和身體摩擦產生了靜電火花。

然後悲劇就發生了。

這種甲烷瓦斯引發的廁所爆炸，好像還眞的在世界各地都有發生實例。只是如果是下水道等巨大設施的沼氣量可以引發爆炸，這個沒有人會懷疑。但是民宅裡的噗通廁所累積的沼氣量，爆炸之後會不會像故事裡說的把整個廁所炸飛，這個就眞的需要專家來解答才有正確答案了。

但是在正確答案被提出之前，噗通廁所的都市傳說早已不脛而走，傳遍日本社會。當然，這是屬於有一定實證的都市傳說，另外還有一種類型就是方便驗證，但是沒事大家都不會想要試試看的。

比方說像日本手機的「09044444444」這個都市傳說，就是最好的例子。日本的手機號碼是前面「090」「080」等三碼加上後面的八碼，就和臺灣我們小時候的傳說一樣，這支電話是打給貞子的電話號碼。

而都市傳說在現代的快速流通和網路留言板有極大的關係。如果看日本 yahoo 的「知惠袋」（類似臺灣網路的知識+），就可以看到一大堆匿名的神祕體驗或是詭異怪談。像是這支「09044444444」，就有人求助說朋友用他手機打這支電話號碼，聽到奇怪的聲音後掛掉後，不久這個號碼居然還回播，而且來電還顯示是剛剛那位惡作劇打電話的朋友名字，之後又有另一個皮癢的朋友再用這支手機幹了一模一樣的事（我都不知道這樣到底是誰皮癢了），結果又是這個朋友的名字顯示這個號碼回撥回來，而且這次名字後面還加了「死ね」（去死）二字。

聽起來很可怕吧？雖然我們也不知道這個留言者到底是眞心求救還是唬爛，但是一般人是不會皮癢去試打看看的。畢竟如果接起來眞的是個奇怪的靈界朋友，那不是幾個膽都不夠嚇破？當然還是有勇者試過打了這個電話號碼，結果也只聽到「這個電話號碼現在無人使用」。不過「09044444444」這個號碼以前還眞的存在過，是日本通信廠商 au 拿來測試數據通訊用的門號，打完這個號碼再輸入特定的電話號碼，09044444444 就會以數據通訊模式回撥，或許就是因爲這樣，才穿鑿附會地出現了「去死回撥」的都市傳說。

聽到這個都市傳說之後，我第一個聯想到的是經典白爛國片《天下一大樂》。

在通訊軟體普及前的都市傳說

前面提過，在八〇年代地下賭博「大家樂」風靡全臺之際，民衆爲了求明牌什麼都拜的亂象簡直世界奇觀。除了各種陽神陰神阿沙布魯鬼怪都拜之外，還有人睡墓仔埔，甚至去問村裡的酒控或是精神失常（很奇怪，好像以前每個庄頭都會有一個）的朋友，還尊稱他們「大俠」，希望這些可能可以接收到一般人感應不到的神祕波長朋友們，可以惠賜一支下期會開的號碼。

《天下一大樂》裡豬哥亮就是鬼迷心竅，覺得不論是什麼方法都用盡了，不然就拿起電話猛打4，來看看能不能像臺灣民間傳說一樣可以打到地府，去問閻羅王看地府牌開幾號。結果陰錯陽差電話線跳電，通到了豬哥亮隔壁鄰居廖峻家裡，廖峻立刻給他裝肖仔，要他用隱身術去臺灣銀行看號碼。隱身術的方法就是嘴念「南無阿爸豬腳」然後頭戴尿桶穿丁字褲，右手拿飯匙，左手拿三支香這樣，照做的豬哥亮當然惹出了一堆下流蠢事這樣。

從這個臺口共通的故事裡，我們可以發現都市傳說一邊繼承社會的傳統，但是也會「與時俱進」。為什麼要打一堆4？我想臺灣和日本朋友都很清楚。

電話過去做爲主要聯絡工具，方便的同時，那種可以打到世界各地的神祕感，和只聞聲而不見人的特殊感覺，也給了當時人們一個想像空間。當然，這些都市傳說也隨著智慧型手機的普及，大家使用各種通訊軟體，不再依賴傳統電話而隨之式微。

不過像是siri相關的新都市傳說，就成爲手機世代的新話題了。就像這樣，其實再怎麼荒唐可笑的都市傳說，會發生其實都有一定的社會背景。像超高速阿婆就內含著對於行車超速的警惕意味在，而「てけてけ」和裂嘴女，其實也都反應出一定的當時社會風潮，或是人對於現代事物背後潛藏的恐懼心理。

啊我就沒有腳了是要怎麼跑……？

超高速阿婆其實一點都不恐怖。就是在各地的道路或是隧道裡，如果有駕駛人開車超速（通常都是一百公里），阿婆就會出現在急速行駛的汽機車旁邊，然後告訴駕駛人不要開這麼快。

但是「てけてけ」就沒那麼溫馨，而是都市人對於平交道這種設施的恐懼產物。

不知道有沒有人和我一樣，小時候會覺得平交道好像就是個讓人提心吊膽的地方。像我總覺得那根棍子放下來的時候，那陣聲響總是讓人神經緊張，而且火車又是煞不了車的可怕龐然巨物，每次要過平交道時，都好像充滿了賭命感（?!）再加上我們那個美好舊時代的臺鐵有個奇怪習慣，就是會在公布欄的角落定時貼上失物招領的照片。

只不過招的是無人認領的鐵路車禍死亡大體而已。

てけてけ就是這種對於平交道潛在恐懼的產物。

故事大概就是某個高中女生（對，這樣才有反差）在過平交道的時候，陰錯陽差地被電車輾成了兩截。不過因為故事發生在北海道，被撞成兩段的女高中生因為寒冷的關係，傷口反而因此暫時被凍住止血，所以沒有馬上死去，拖了近三十分鐘左右。在面

臨死亡的過程，她痛苦地呻吟著「たすけて……たすけて……」（tasukete，救命啊），但是因爲極度恐懼和死亡前的休克反應，所以變成口齒不清的「てけてけ」（teketeke），而這也變成這種怪物的名字。てけてけ通常就是以沒有下半身、拖著流血的上半身的可怖女高中生形態在夜裡街頭出現，明明長相很可愛，卻是用兩手撐著以超高速逼近，大喊著「把你的腳給我」，然後虐殺遇到她的倒楣鬼。

而裂嘴女更是都市傳說的代表。

下場只有死路一條的裂嘴女傳說

裂嘴女傳說的出現大概與整形手術的普及時期相近，一般說法是說裂嘴女是愛美的女性，接受整形手術失敗之後變成了嘴裂到耳邊的恐怖模樣，所以裂嘴女都是出現在國小學校周圍，以戴著口罩的美女姿態出現，然後裂嘴女會找小學生搭訕，問說：「你覺得我漂亮嗎？」如果小學生說「是」，那裂嘴女就會拉下口罩露出自己恐怖的尊容，笑著說：「那這樣還漂亮嗎？」然後用身上的尖刀殺死小學生。但是如果小學生一開始就回答「很醜」的話，會在一開始就被殺死——反正不管怎麼回答，下場都只有死就對了。

但是因為傳說裂嘴女會手術失敗，是因為在手術的時候，她對執刀醫師頭髮上噴的髮膠過敏，打了個噴嚏才不小心讓手術刀劃開了自己臉頰，而成了這副德性。所以小學生當時也流行上下課時，隨身攜帶噴霧髮膠，一旦裂嘴女出現的話，只要用髮膠往她臉上一噴，就會喚起她恐怖的回憶，而使其落荒而逃。

裂嘴女的出現，極大程度歸因於當時人們對於整形手術的好奇，和那種要接受又不接受、好像會變美可是如果失敗的話好像很可怕的微妙心理。而裂嘴女都市傳說的終結也很戲劇化，就是真的有女生扮成裂嘴女的樣子，帶著尖刀在小學附近徘徊而被逮捕，經由媒體報導，引起社會軒然大波之後，反而讓裂嘴女傳說就此消聲匿跡，不再有人提起了。

的確啦，像這種打開臉書、ＩＧ就一堆尖端科技量產型美女的時代，誰還相信什麼裂不裂嘴的都市傳說啊？

如果龍貓和迪士尼都是都市傳說……？

從江戶時代到現代，都市傳說就像個有機體一樣，不斷淘汰掉過時和不合理的元素，再不斷加入當代群衆有共感的新事物，然後一邊繼承傳統，一邊呈現新面貌。

如果裂嘴女不再流行，那麼我們就把都市傳說代進大家都喜歡，也有很多人曾經去過的迪士尼。

除了「物理性恐怖」的廁所兒童誘拐之外，小小世界裡的謎樣小孩鬼魂，或是把過了閉園時間的遊客帶走的陰間使者——只是這次的使者不是牛頭馬面，也不是日本民話裡的鬼，而是頭上長了兩個大耳朵的謎像黑色大頭、手上戴著手套的人物。

創下日本動畫各種紀錄的宮崎駿作品，當然也是都市傳說大爲發揮的題材。像《龍貓》裡的姐妹其實早就死亡，龍貓是來接兩人到地獄去的使者這個說法，就算宮崎駿早就出來打臉了，但還是在網路上傳來傳去。

另一方面，被做爲都市傳說對象的作品或是像迪士尼的廠商，其實也對這些傳說睜一隻眼閉一隻眼，只要傳的內容不要太離譜到損害商譽的話，基本上都不會出來官方否認——畢竟這些都市傳說流傳得更廣，也是在幫他們的產品打知名度啊，何樂而不爲？

龍貓是講姐妹死後的故事？好那我趕快再來看一次。迪士尼的恐怖公寓、太空山、雷霆山裡面有幽靈？眞的嗎？我們趕快找一天去迪士尼確認一下。

如果以這個前提出發，說不定許多都市傳說的源頭，根本就是這些商業行爲的主體啊！

或許這種打破幻想的說法，比許多都市傳說的故事情節都還要殘酷吧。

3. 媒體的心靈風潮——日本靈異興衰史

我眞正體驗到的日本靈異風潮，是在八〇年代中期左右。但是所謂的靈異風潮，其實不能只限定於鬼怪，而是對於各種超自然現象的興趣本位現象。

讓中二魂大爆發的《孔雀王》

在我寫稿的過程中，傳來了漫畫家荻野眞過世的消息。他的代表作《孔雀王》就是這種靈異風潮的代表之一，而且是平成時代掀起「宗教漫畫熱潮」這個奇妙新領域的大作。

受到《孔雀王》的影響，後來還出現了題材極爲類似的《明王傳》，甚至後來我還在日本發現了有套叫《童乩》（眞的就是這個名字——「タンキー」）的神奇作品。總之在靈異風潮全盛的二十世紀末，《孔雀王》除了繼承這種奇異潮流之外，更是神怪漫畫中的傳奇，理由也只有一個：

因爲它的設定實在太過經典了。

比起一般神怪漫畫天馬行空的人設，《孔雀王》擺明了主角是眞言密教的僧侶，而且來自於日本眞言宗的聖地高野山。只是這群法力高強，隨時能結手印發射出各種神奇雷射光的和尙們，不是來自「宗教法人高野山眞言宗」，而是漫畫中所稱的「裡高野」，也就是隱身於高野山幕後，爲了保衛光明默默奮戰的密教戰鬥集團。

光是這個設定，就能讓中二魂爆表的少年們熱血沸騰了。而且能把印象中穿著法衣、眼睛總是半閉著不知道在念三小的光頭阿北們，變成作品裡手拿獨鈷杵的鮮肉佛法戰士，光是這個想像力就値得稱荻野眞爲大師了——雖然這位大師之後也爆出了其實內容情節抄了另一位奇幻小說大家夢枕貘的作品就是了（後來荻野與責任編輯出來公開道歉，在漫畫單行本最後也補上夢枕貘的參考書目）。

《孔雀王》的敘事手法，剛開始採用類似小說《陰陽師》或是漫畫《城市獵人》這種數話完結的單元劇方式，模式就是每次針對依賴者的case，然後驅魔師孔雀出來解決妖魔、解決問題，有時候還會發現一些人世間更醜惡眞相的故事。

例如讓我印象深刻的是在《孔雀王》早期的故事中，某次孔雀遇到復活的死人，結果這個死人居然是被自己媽媽殺害的妙齡少女。經由孔雀揭開眞相，才知道少女是和自己的繼父通姦，才被媽媽先殺害再下了死人返活術。孔雀讓少女變回腐屍原形，逼得惡質繼父發瘋，最後被少女母親羞恥地牽回家——不管怎麼樣，這種人倫慘劇對當時還只是國一生的我來講，實在是太辣了。

立足於密教世界觀的人設

但是在這些色情暴力兼噁爛元素俱全的少年漫畫特徵外，《孔雀王》在長篇化之後，開始出現了和一般神怪漫畫的不同的特色，那就是完整的基礎設定。

當然，《孔雀王》的劇情還是少不了東洋、西洋神話大雜燴，道士和密教僧一起決戰納粹軍隊，爭奪耶穌聖杯的故事。但是故事的基礎架構還是完全建築在密教的世界觀上，所以正義的一方是以高野山眞言宗爲藍本的「裡高野」，而邪惡一方的六道衆首領，也是以胎藏界曼荼羅中心的「中臺八葉院」爲本的暗黑版「八葉老師」，典故都來自於佛教密宗的概念。

屬於密教系統的眞言宗，本來就擁有極爲複雜的世界觀和各種行法，以及華麗的造型藝術群。在開祖空海這個天才的統合下，參雜了許多印度教土俗信仰元素的密教，在日本成爲思想和修行，甚至美術都放出文化史燦爛光芒的眞言宗。

這個在日本立宗距今已經一千多年的宗派，或許成爲日本人家庭歷代奉行的「宗旨」，或是像大師信仰般的民俗事象。所以對大多數日本人來說，密教（因爲天臺宗等其他宗派也加入了密教元素）就像我們拜帝君、信媽祖一樣是種日常。

但是如果仔細研讀相關資料，就知道眞言宗根本是個文創寶庫。荻野眞發現了這點，才誕生了這部漫畫史上的異色作品。當然這個創舉除了讓荻野眞名利雙收之外，也不是沒有後遺症。

隨著《孔雀王》的大受歡迎，世間對於高野山的看法也隨之受到影響。尤其是作者把高野山的奧之院，也就是傳說中空海入定的巨大陵墓群，設定爲日本「最大封鎖惡靈之地」，把神聖的奧之院講成了好像是陰森恐怖的魔界入口。

而且在眞言宗的宗教觀裡，空海不僅未死，只是在奧之院的靈廟裡入定，有時還會雲遊各地解救眾生，但是《孔雀王》裡的空海不但成了像出羽三山有名的即身佛鐵門海上人一樣的木乃伊，而且還和彌勒菩薩的降世傳說連結，讓祂成了打開毀滅世界的關鍵之鎖，然後要打開這個關鍵之鎖，方法居然是找個血統高貴的女性和這個木乃伊交合。

原本我也以爲是作者在唬爛，後來眞正開始看原本資料後，也發現許多一般人不知道的基本錯誤。包括在以大日如來爲本尊的眞言宗大本山裡入定的空海即身佛，怎麼可能是彌勒菩薩降臨的鑰匙？難怪眞言宗會對作者荻野眞抗議。

結果最近看了五來重的著作《高野聖》，才發現高野山的確盛行過淨土信仰，而且眞的被藤原道長稱作是「慈尊（彌勒）道場」。

司馬遼太郎的名作《空海的風景》裡，就曾經提到空海本人豐富的生命力和創造力，或許與其旺盛的性慾苦惱有關。在淨土眞宗的開祖親鸞上人的故事中，的確也有這麼一段記載。

但是這種推測在當時就引起了眞言宗方面很大的反彈，更何況是荻野眞這種天馬行空又兼不尊重弘法大師（空海的尊稱）的漫畫設定，當然也讓眞言宗大爲光火，一度還傳出了高野山下了讓荻野眞「出禁」——也就是禁止出入的命令。

不過這都無損《孔雀王》作品本身的價值，荻野眞日後也和高野山方面達成共識，由高野山擔當作品監修，荻野眞也在《孔雀王》完結之後繼續畫了許多相關續作。

《孔雀王》的名稱取自於密教裡的「孔雀明王」，在印度的土俗信仰中，因爲孔雀姿態優雅，還可以啄食毒蛇卻不會中毒死亡，被視爲神力的象徵，進而聖化成爲明王。

在作品裡荻野眞又利用這種典故，設計出了主角孔雀的姐姐「天蛇王」這個角色，並且把孔雀明王塑造成西方神話裡的墮天使路西法。整部作品其實不乏這種張飛打岳飛的奇想天外劇情，但是就因爲其立足於密教世界觀的堅實設定，而讓讀者們願意接受作者的安排繼續看下去。

一個時代的結束，卻開啓了許多人對於日本文化的興趣

這部作品或許是很多日本朋友少年期的密教啓蒙作品，但不可諱言的，也讓許多對佛教沒有基礎知識的少年們有了錯誤觀念。像我就一直到了二十幾歲，才知道中臺八葉院裡住的，不是想要征服世界的邪惡壞蛋們，而是胎藏界曼荼羅裡的大日如來和阿彌陀佛等修行人好朋友們。

不過孔雀明王在日本的宗教史上，眞的占有極重要的地位，像是日本獨特信仰「修驗道」的開祖役小角，在《日本靈異記》的記述，就寫到他修習「孔雀明王法」而獲得飛翔能力，並且能自由地使役鬼神。修驗道的行者「山伏」由於常常需要登山修行，所以會有手甲、綁腿、斗笠等帥氣的裝備，這種風格也被日後的各種流浪宗教者如「聖」「虛無僧」等繼承。《孔雀王》的裡高野驅魔師

們，穿著與其說是眞言宗僧侶，不如說是綜合了山伏和密教法衣的形象。在修驗道的教義裡，的確也摻雜了許多密教元素，這可以說是荻野眞的完美二次創作。

但是就跟大部分少年得志的漫畫家一樣，荻野眞在《孔雀王》大受歡迎之後，雖然嘗試了許多其他科幻風格的創作，但是都沒有獲得像孔雀王那樣的成功。最後荻野眞只好回來重炒冷飯，再次描繪孔雀王的各種續篇和系列作。但也不知道爲什麼，原本走寫實風格路線的荻野眞，人物頭越畫越大，身體比例越來越卡通。甚至連他本人想要回復原來的風格，也都表示「回不去了」。

雖然畫風好惡是個人主觀問題，但像我這種從原作就開始看的讀者，有很多都沒有辦法接受這種轉變而出坑了。而且最重要的是，時代早已不是靈界風潮全盛的二十世紀末，荻野眞從風靡一時的巨匠，慢慢變成衆多漫畫家裡的其中一位。幾年前聽到他身體不好入院的消息，幾年之後他再次登上媒體，就已經是以五十九歲之齡辭世的訃聞了。

一個時代結束了。但是五、六年級的臺灣同學們，應該都忘不了當初《孔雀王》帶給我們的震撼。在這部作品出現之前，大多數人恐怕還不知道，日本佛教還有眞言宗這種過去曾經盛行於中國、卻又像不曾存在般地完全消失於漢傳佛教的宗派。

而日本密教眞言的「因陀羅耶莎訶」（インダラヤソワカ）「臨兵鬥者皆陣列在前」這種聽起來帥氣中二到爆，可是感覺意味不明但眞的是密教眞言的漢字音譯，也是許多人對於日本文化產生興趣的啓蒙。

當然，我們都長大了，也知道《孔雀王》裡主角們結個印就可以讓魔物爆炸是漫畫的唬爛，然後裡高野也不存在於這個世上。這部作品或許沒有打開魔界的入口，但卻打開了我對於日本宗教文化研究的大門。

真的假不了，假的永遠真不了

前面已經說過，電視媒體的靈異風潮起於七〇年代，因爲種種社會因素和網路發達方便查證之後而漸漸式微。但靈異題材並沒有完全消失，一直到二十一世紀多多少少都還有這些相關節目存在。

不過，現在的靈異節目眞的很難做，因爲跟以前相比觀衆實在「歹騙」很多。二〇一一年的某個日本節目，用力介紹了葡萄牙某個素人拍的靈異影片。影片內容是一群開車的少年仔遇到年輕正妹在路上要搭便車，少年仔們看到是正妹，當然馬上就停車載人了。上車的正妹和車上人們對話有一搭沒一搭，勉強地擠出了自己名字之後，衆人繼續追問正妹這個時間怎麼一個人在路上要攔車。結果車子行駛到某個路段之後，正妹才突然擠出一句話：

「我就是在前面那裡被撞死的。」

鏡頭轉到正妹，正妹的表情極度扭曲然後滿臉是血，最後當然一定要鏡頭被丟到旁邊然後影片就此中止了。來賓們也當然嚇得半死，節目現場效果十足，結果節目播出沒有多久，網路上馬上就有人打臉舉證這根本是葡萄牙的行車安全宣導影片，是製作單位直接拿了外國廣告來當靈異影片。

這種烏龍事件一直到最近都還持續發生，像二〇一七年的《世界恐怖之夜！》介紹了某張三個日本8+9合照的靈異照片，在三位8+9的腳邊出現了一個明顯的白色詭異臉孔。照往例的，在場來賓一陣「好可怕」「我有感受到靈異」的驚恐聲之後，這個節目也找了一個像以前臺灣〈鬼話連篇〉靈學老師的「心靈研究家」來解釋。

根據研究家的說法，這張臉是在現場死掉的女性幽靈，對人間還存著強烈的不捨和怨恨，所以照片要趕快燒掉供養才好，有的沒有的這樣的說法。結果節目播出沒有多久，日本最多人用的推特上有人發推了：

「欸欸欸我上電視了哩！」

原來是三位8+9發現自己在不知情狀況下，照片被放上了電視，不過原版照片根本沒有電視裡的腳邊白臉。如果只是這樣而已，那還不好笑，最好笑的是又過沒多久，有人又發推說他自己上電視了：

「額我覺得自己應該是人吧！」

原來是人設「對人間還存著強烈的不捨和怨恨」的女性幽靈表示自己還健康活力地就讀高中，還PO出了被改圖的原照。播出節目的TBS電視臺，整整快一個月的時間成爲全國網民的笑柄。

從這兩個搞笑故事我們就知道靈異節目在現代幾乎快走出終焉道路了。但是在七〇年代的靈異全盛期可不是這樣，當時日本電視節目拚命介紹全世界著名的超能力者尤利蓋勒，造成了日本全國上下的超自然風潮。

蓋勒的代表性演出就是用「超能力」把湯匙折彎，這也讓折湯匙成爲了超能力的代表，當時還造成了小學生的模仿風潮，一度讓學校禁止小學生折湯匙的社會現象。

這種社會現象當然也給了許多創作者靈感，像是我個人很喜歡的超能力漫畫《舞》就是其中代表。《舞》的內容就是各國的超能力少年少女們在各種陰謀的驅使下，互相對戰的劇情，在池上遼一的美型畫風下一次滿足社會的超能力風潮和大叔們的變態蘿莉想像。不過這部作品完成於八〇年代，算是風潮的末期了。如果朋友們想完整回顧七〇年代那超能力時代，我會推薦另一部著名神作《20世紀少年》。這部大叔們的「本格冒險科學漫畫」其實很多情節都是作者在回憶自己成長的少年時期，也就是超能力、搖滾樂和愛與和平的年代。但是七〇年代的靈異風潮並不只有這些ㄎㄧㄤ而美好的回憶，ㄎㄧㄤ到社會有人分不清楚現實和妄想的時候，通常等著的就是具有空前規模的悲劇了。

那名爲歐姆眞理教的悲劇。

追求神祕主義的代價

八〇年代中期，原是針灸師的麻原彰晃以「超能力開發師」的身分開始活動。

沒幾年，麻原的團體就成爲宗教法人歐姆眞理教。當時麻原彰晃是以「空中浮遊」，也就是以打坐姿勢浮在半空的照片聞名——雖然後來證明那根本是麻原用打坐姿勢勉強原地跳躍的唬爛照片，任何人只要經過一定時間練習就可以辦到，而且照片中的麻原表情就像便祕擠不出來一樣，稍微一點騰空的優雅感都沒有。

但是麻原的這些招數，卻在神祕主義大爲流行的當時大受日本人歡迎，也讓歐姆眞理教開始有了信衆支持基礎。

歐姆眞理教其實算是廣義的佛教，再加上一些瑜伽和印度教教義而成的新興宗教。成長過程其實並不是很如意的麻原，因爲這種超自然風潮而成了教祖，極度膨脹自己後還參加了國會議員選舉。

還好日本社會還算理智，讓這位神祕主義熱潮的寵兒低票落選。不過也因爲這個挫折，讓麻原放棄了政治路線，決定以他心目中的「末日之戰」方式來實現他的極樂淨土計畫。在幾次陰謀和殺人事件後，歐姆眞理教團終於犯下了人神共憤的地下鐵沙林毒氣大量殺人事件。麻原彰晃從崛起到成名，又從極盛到日漸精神失常，最後犯下瘋狂大錯的時間軸，也正好是日本超自然風潮從盛到衰的時代。

日本社會以犧牲眾多人命的悲劇，付出了過去幾十年因爲物價豐裕後精神空虛、一度追求神祕主義的慘痛代價。

在歐姆眞理教事件之後，日本公安系統開始嚴厲監視這些具有神祕主義的新興宗教教團，也讓超自然風潮在九〇年代一度戛然而止。一直要等到二十一世紀初期的《七夜怪談》等優秀的日本恐怖電影出現之後，才稍微重振了一點往日靈異榮景（？）不過其實《七夜怪談》也是以明治末期眞實發生的「千里眼事件」爲原型，再加上當時還是娛樂主流之一的錄影帶組合而成的故事。

千里眼事件也是以研究名為御船千鶴子這位據說具有透視能力的女性是否真的具有超能力而發生，最後結果是所有當事人都以悲劇收場的不幸事件。

或許不管哪個年代，靈異都是人類本能想追求的一種興趣，但把這種興趣太當眞、太投入的時候，我們就會在不知名的某個地方，打開那個不能開的潘朵拉寶盒吧！

番外篇

神鬼之間的臺日文化人類學

民俗學裡當然不乏和俗信、民間宗教有關的研究課題。像我的恩師古家信平教授，研究主題就是「宗教儀禮論」。接受恩師薫陶的我當然也是朝這個方向學習，在碩士期間以臺灣和日本的「靈能者」除靈儀式比較而拿到學位，博士論文則是從八家將這種民俗陣頭來探討臺灣所謂的臺客文化。

在求學的過程中，我發現了許多耐人尋味的地方。

這些神明啦、鬼怪啦、廟會啦的民俗元素，可能許多人書讀得多了就覺得這些是沒用、沒水準、沒讀書的人們在相信與重視的東西，甚至在理科掛帥的臺灣，會有人覺得你蔡亦竹文科就算了，讀這些鬼東西憑什麼拿個日本國立大學學位，還回來臺灣在騙吃拐X？而且雖然我不選舉，可是在臺灣只要公眾人物稍微有點名氣，就會被攻擊說：「你這個學位是不是在國外用雞腿換回來的？」尤其是我的學位論文只在日本國會圖書館和母校的大學圖書館可以看到，所以我當時拒絕了網路公開論文內容。

爲什麼？因爲當時我怕內容公開的話，會讓我得罪人就算了，還兼找不到頭路。

沒錯，就是這麼奧妙，只是寫個八家將和臺客文化而已我就得擔心這麼多。

我的學弟在東京府中市每年吸引七十萬以上參加人次的暗闇祭裡幫忙，就曾經遇過在三一一震災後，當地出身的首相菅直人前往祭典致意，受到祭典委員會成員和群衆一同大罵「賣國奴」和「民主黨滾回去」的奇異風景。

不管是臺灣或日本，祭典的本質就是人的集合。而祭典之所以可以聚合這些人，就是因爲信仰的號召。當然，如果像是佛教或是基督教這種既成宗教下集結的，會是在特定教義下統一、較爲單一的群衆組合。但是如果是像日本的神社或是所謂「單立寺院」（單一寺院形成的教派），就跟臺灣的宮廟一樣，雖然都是宗教設施，但是卻大多是以俗信結合起來的當地群衆組合。

研究這些怎麼沒用？超有用的好嗎！因爲你可以從這些事象裡找出這個國家民衆的思考樣式、自我認同和約定成俗的未成文價值觀，民俗學就稱這些整理出來的民衆特徵爲「深層心意」。從這些深層心意，不但可以分析如何與這些民衆溝通，甚至邪惡一點的還可以利用這些東西來做政治運用。有生意頭腦一點的，更可以運用這些東西來發個小財。

透過觀察自己國家的文化，才能看見其中的美麗

不過在寫論文的過程中，我也發現到臺日兩地的不同。在論文審查的過程中，副審教授們多次質疑爲什麼我不寫「純粹」的民俗學論文，寫那麼多社會學和政治學的東西在裡面幹嘛？這樣他們怎麼給過？

這時候我的指導教授和副審裡曾經也在臺灣長年調查的松本老師出來爲我辯護：

「他寫的是對的。既然臺灣的民俗至今強烈受到政治的影響和打壓，他就必須把這些寫出來。如果逃避這些事實而只寫出『日本學界想要的』民俗學論文，那就不是眞正的民俗學論文。」

我當然很是感動，但也驚覺一個事實。當然，有意見的日本老師不是因爲要找我麻煩，而是他們也覺得民俗學就是要單論民俗。的確，在臺灣也不是沒有這樣的研究，問題是如果只想要這樣的臺灣民俗研究，那我特地到日本寫論文是不是才眞的有占地主隊便宜之嫌？我的任務，應該是要把臺灣眞正與日本民俗學不同之處介紹給日本學界才是。

就算是八家將這種看來單純的陣頭，其實它正反映出臺灣人對於另一個世界的「貴人」在出門時需要的排場設定。而八家將在民俗信仰裡的角色，也顯現出臺灣人心目中的陰間是和陽界一樣充滿秩序組織、有政府也有警察，八家將擔任的就是類似刑警般的角色，而被理想化的陰間政府，是絕對公正廉明的。

那你就知道其實漢文化對於現世政府的眞正看法是什麼了。

是的。臺日兩地的神鬼民俗就是這樣一個文化人類學的寶庫。我學民俗學最大的收獲，就是尊重既成事實。你可以不爽，可以覺得不合理，當然更可以輕視，可是所謂理論是一種完全人工的東西，只存在於每個人的思考裡面，在那個世界裡，一切都合乎邏輯，一切都沒有任何矛盾，但是現實世界就是矛盾的結合體，能把腦中那個合理的世界用最好的方式在現實世界裡呈現出來，這是一等一人物才做得到的事，然而世間上絕大部分的人，都跟你我一樣平凡。

不過臺灣的陰間或天界，就剛好是一個人們腦中構築的完美世界，藉由人們的行爲和儀式展現出來，看似極度合理但卻內含無數因爲人的各種欲望而出現的各種矛盾集合體。就像那些日本老師們的主張一樣，民俗學在日本早已是個獨立學門，而且也擁有學術地位和研究成果。

但是就算這樣，在文化人類學的領域裡，日本的妖怪其實並不是個好研究的對象。當然因爲各種次文化產物的影響，有許多學生因此以研究妖怪爲志向而進入研究所，但是眞的可以做出成績的研究者卻不多。畢竟在俗信裡的妖怪信仰隨著文明開化而式微，只能從古代的妖怪繪卷到現代的妖怪漫畫小說來做文化研究了。但是也因爲民俗學在日本的確立和社會大衆對於民俗的尊重和珍惜，今天的日本才得以享受這些研究成果，並且從而發揚光大，產生了像《夏目友人帳》等優秀的創作。

不過相反地，很多人覺得混亂、吵雜，甚至低俗的臺灣民俗世界，卻又吸引了像我的指導老師古家教授這些接受過完整日本民俗學教育的學者們，並爲之著迷不已。

其實和日本相比，常讓我們覺得自慚形穢的臺灣民俗，眞的不像我們身邊那些半桶水、假掰們所說的那麼不堪。因爲如果你有這種想法，那表示潛意識你已經有了「什麼樣的民俗或文化才是好的」這種先入爲主的觀念，這對於認識自己和他者的文化來說並不是什麼好事。

不管好壞，我們都已經生爲臺灣人，有時候更客觀地觀察自己的文化，你才會看見它應該改進的地方。同時，你也才能因此看見自己的美麗之處。

白龍老師的超神奇靈視

剛才提到的「靈能者」這個詞，是我寫成碩士論文的關鍵字。從明治以來就接受文明開化洗禮的日本，當然還是有像「ユタ」「ノロ」或是像青森恐山據說能幫你和陰間親人通信的「イタコ」這種通靈者，但是一般傳統的神社或寺院早就沒有這種貼心的服務了。

現在是科學的時代，所以這些號稱可以通靈、替人辦事的能人異士們，就有了「靈能者」這種聽起來好像比較不那麼迷信的稱號。因爲乩童現在在臺灣社會上仍然到處可見，所以爲了尋找相對應的日本研究對象，我試著從網路上聯絡了幾個靈能者。後來可能因爲我讀的大學聽起來還滿稱頭的，還眞的找到了一位住在琦玉縣上尾市自稱「白龍」的女性靈能者。

開了快兩個小時之後的車，我終於到了白龍老師的家。一進老師家門，老師就突然打開櫃子，拿藥出來吃。打完招呼之後，我當然問老師：「爲什麼吃藥？」老師只淡淡地說了一句：「你腰在痛吧？」的確，我在三個星期前因爲打桌球閃到腰，痛了個假死，不過我都能開車來了，表示傷也好得差不多了，所以當然又要問老師爲什麼知道。

「因爲你一進來，你的痛就傳過來了啊！」

欸這什麼神奇老師啊！不過可能因爲腰上有傷而且還坐著開車那麼久，說不定我走路姿勢怪怪的，但我自己不知道而已。

在做民俗學調查的時候，最重要的就是那種與調查者間距離的拿捏。你要讓他覺得你是「自己A」，但是又不能眞的太介入，讓自己變成事例，所以我就帶著少許警覺心，開始調查起白龍老師成爲靈能者的過程。

白龍老師自稱從小就有靈感體質，在經過了一定的神道修行之後覺得不夠，所以就進入天理教進行「神樂」的修行。天理教是一種形態和神道極爲類似，但是創建於江戶時代末期的相對年輕教派，而且在世界觀上和傳統神道完全不同，在儀式上也極端重視神樂這種獻給神明的宗教舞蹈。

白龍老師在經過包括「瀧行」，也就是站在瀑布讓水沖打自己的種種嚴酷修行之後，終於眞正打開自己做爲靈能者的能力，發現自己的守護神是王子稻荷神社的白龍，然後開始救世辦事。

這次會接受我的調查，是因爲靈能者協會裡有一些假貨，她希望我能把這些壞人、壞事公開於世。

好吧，你們靈能者間的長短我才不會管咧！但是我心裡還是出現了許多黑人問號，因爲我認知的稻荷神使者再怎麼樣都是狐狸啊！怎麼會是什麼白龍？結果白龍老師說京都伏見稻荷雖然是全國稻荷的總社，裡面的神明也眞的是女神，使者也眞的是愛吃稻荷壽司的狐狸，但是東京的王子稻荷神社從過去就是獨立於伏見稻荷之外、東國三十三國的稻荷總領，眞正的原型是個白髮阿北，然後使者是隻龍。

當時我想說反正跟人家爭這個沒用，對方怎麼說，就怎麼寫就好了，反正要忠於事例，而不是自己在那邊判斷對不對。

後來查了更多資料，才發現稻荷信仰古代眞的和蛇有相關，在民間傳承裡也還眞的除了女神說之外，也有稻荷神原型是老人的說法。總之講了半天，老師突然說要給我「靈視」一下。

靠，我又不能說不要，只好打哈哈地說：「欸老師我是外國人哩！」可是得到的答案卻是：「靈界沒有語言隔閡。」好吧！那只好靈視了。

結果一靈視下去嚇死我了，因爲老師一開口就說你祖父母因爲擔心你，所以跟你來日本。她怎麼會知道我是阿公阿嬤帶大的金孫啊？然後最毛的是，老師說：「阿嬤還牽著一個七歲的小孩，因爲在靈界，小孩最大長到七歲，所以那應該是你的哥哥還是弟弟。」

啊啊啊啊我媽媽眞的在我十歲的時候懷孕，結果可能是因爲去掃墓的時候坐到人家墳頭，結果小孩「不好」在肚子裡啊！接下來更妙了，阿嬤跟老師說她有首飾放在我阿姑家，要我媽媽去拿，然後還說了她想要吃的祭品，聽老師的形容應該是麵龜和米粉湯。

靠北我阿嬤愛吃米粉湯這件事，整個家族只有我和我老杯知道耶！最後阿嬤還放了大絕，說她嫌自己骨灰罈上面的照片太老，要我爸去換，這……

讓我對民俗學就此熱愛到不可自拔的緣由

當然啦，老師講的也不是沒有破綻。像她說她看到我阿公一生辛苦，拖著牛在田裡工作。我阿公的確一生流離，做過很多份工作，但是就是沒有種過田，而且我阿嬤在跟老師說要吃米粉湯的時候，老師還很親切地模仿我阿嬤說：「好吃好吃。」可是我阿嬤一輩子不認識字，連時鐘都不會看，難道只會說臺語的阿嬤往生之後有去補校上課學中文？

但是人之常情，聽了這些話之後，當然回家立刻秒速打電話給我老杯老木，結果我媽還眞的去找我姑姑，拿回了連我姑姑都忘記有的一條說要給我媽的項鍊。我爸聽到阿嬤嫌照片太老，第一個反應就是：「老人哪有什麼年輕的照片！」但是還是特地跑了一趟淡水，打開靈骨塔位看了一下。

結果我阿嬤用的是老人照片沒錯，問題是我阿公比阿嬤早死十多年，後來才「撿金」和阿嬤放在一起。那時候骨灰罈上用的是阿公四十多歲時的照片——原來阿嬤是嫌自己被老公的年輕帥照比了下去。所以後來的處理不是換阿嬤的照片，而是換阿公的照片，因爲這樣，兩個就一樣老了（笑）。

我記得後來打電話給我爸的時候，說了一句：「那個老師講的好像也只有中六〇%而已哩！」結果我爸的回答讓我至今難忘：

「這樣就很『利』了啦！不然咧！」

如何？這是我的親身體驗。仔細看看，就可以發現裡面其實藏了極高的臺日雙邊傳統文化資訊量吧？從日本的冥界觀（小孩最大長到七歲）到稻荷神的御神體，以及稻荷信仰的原型還有天理教在一般人心目中的印象，以至於臺灣人怎麼面對通靈者的「辦事」，又在什麼樣的情形下會跨海、跨文化，還相信通靈者的眞實性，這些如果從文獻去查，可能是重大工程的知識群，就在這個事例裡活生生地展現出來。

其實這也是我大學畢業之後才開始接觸文化人類學門裡的民俗學，卻就此熱愛而不可自拔，一讀讀到博士的最大理由。雖然我早已和白龍老師失聯了，但是至今無法忘懷我多次和老師一起出門觀察、記錄她辦事的事例，還在某次遇到她叫惡靈出來附在信徒身上，結果老師說叫出來的是外國靈體，要我和祂用臺語對話，問問看是不是我阿公之類的神奇狀況（後來當然證明祂也聽不懂我在公三小是了）。總之，在這段神奇旅程之後，我加上了後記會提到的臺灣方面另一個神奇事例後，完成了我的碩士論文。

最後在餐廳由白龍老師爲我慶祝、請我吃飯的時候，因爲當時我獎學金還沒有著落，家裡也不可能提供我資金，繼續讀下去的徬徨心態下，我第一次主動問白龍老師，我將來會怎麼樣？是會留在日本還是回臺灣？

「你會留在日本，而且一輩子從事介紹臺灣和日本兩地文化給彼此交流的工作。」

嗯。最後老師留給我的話，好像還是錯了一半，也好像對了一半。

後記

神怪的文化遊戲——絢爛的心靈日本與靈異臺灣的無限可能

講到我喜歡的漫畫，許多讀者想到的應該就是我常提起的《北斗神拳》作者原哲夫，或是《聖堂教父》繪者池上遼一，甚至是《城市獵人》北条司老師等所代表的劇畫風格。但是很少人知道，其實漫畫之神手塚治虫也是我的偶像之一，尤其是他的生涯巨作《火之鳥》更是我心目中的神作之一。

綻放出燦爛異彩的〈八百比丘尼〉

《火之鳥》裡有一段〈八百比丘尼〉，故事是某個自小就被自己城主父親當成男生養大的公主，爲了怕傳說中長生不老的八百比丘尼治好自己憎惡的身患絕症父親，所以跑到比丘尼所在的寺院要殺了她。要動手之前，毫不抵抗的比丘尼說：「妳動手之後會有人代替我，然後永遠繼續這個輪迴。」公主雖然有所動搖，但還是為了不讓比丘尼治好自己的混帳老爸而動手殺人。

想不到殺人之後，公主和隨從卻再也走不出寺院，只好暫時住了下來。不久，當地居民前來求醫，公主這才發現過去比丘尼一直都在用火之鳥的羽毛為鄉人治病。

不敢露餡的公主只好硬著頭皮穿上尼姑裝假扮比丘尼，用金羽毛為鄉民治病。住了一段時間之後，公主和隨從才發現這個寺院周圍不只時間是停止的，而且還會逆流。在為鄉民治病的日子裡，後來連各種鬼怪和妖魔都前來求公主扮成的比丘尼治病。

公主本著慈悲心而為這些異形們治病，隨從則是在恐懼之餘，也用紙筆把這些鬼怪的樣子畫了下來。而公主藉由來訪的鄉民，知道在外面世界的領主父親又有公主出生了。瞬間公主——也就是新任比丘尼知道了自己的未來，也接受了自己的命運，專心爲鄉民和鬼怪們治病、爲自己贖罪。幾年之後，領主的手下前來拜訪比丘尼，要她下山爲領主治病，比丘尼也真的去了。當天，比丘尼知道只有今天可以讓他們走出這個結界，所以就讓隨從一個人離開。自己則是等著新的公主前來，然後在公主動手殺她之前說了一句話：

「妳動手之後會有人代替我，然後永遠繼續這個輪迴。」

下山的隨從後來拜了有名畫家爲師，把他在公主行醫過程所記錄下的鬼怪群像拿給了師父參考，完成的就是著名的《百鬼夜行繪卷》。

多麼發人深省而餘味無窮的故事。而這個故事得以問世，除了歸功手塚治虫的大師功力與想像力之外，當然也要有妖怪圖像化始祖《百鬼夜行繪卷》這個作品做爲靈感才有可能。這就是日本鬼怪諸事象除了是鬼故事以外，還有做爲大衆文化底蘊的實力。

所以這些鬼啊怪的，眞的不只是像《魔力小馬》或是水木茂作品集這些一看就知道是妖怪系列的作品而已，這些民話或是相關文化財，正因爲他們與生活的密切程度與對於民族文化的影響力，而擁有創造出新作品的強大素材潛力。《火之鳥》的主題其實講的是嚴肅的人類、萬物生死循環與意義的長篇大作，但是《百鬼夜行繪卷》的巧妙穿插卻讓這個作品裡的其中一節放出了燦爛的異彩。

就像前面所提到的，做爲一個在日本留學的臺灣人，我最希望的是有一天我們臺灣也能有這樣的文化和作品群出現。每次我講出這樣的期待，就會有黑粉吐我幾句：「看你每天都在那邊嘴臺灣做不出來，或是要臺灣做什麼做什麼，啊你自己是有做出什麼成果來嗎？動嘴大家都會。」

所以我只好提供自己一些小小成果和大家分享了。就是我用一支黑令旗換了日本國立大學碩士學位的故事。

鬼手印下的悲苦愛情故事

在進了筑波大學當研究生不久，我過去在臺灣日文界自認還不錯的自信馬上土崩瓦解，所以當下沒進五年一貫的博士課程，而是先讀地域研究科的日本文化碩士課程，想吸收更多更廣的日本相關知識。

在恩師的指導下，碩士論文寫的是有關臺日兩地除靈趕鬼的文化比較，日本部分寫的就是前面提到的靈能者。而臺灣的事例也因為從小我爸媽都跑宮廟（沒錯，動機就是不純的大家樂），所以我也沒有什麼太擔心。

但是後來我在收集事例時，卻從我爸那邊聽到了個讓人毛骨悚然的故事——我受教的民俗學第一課，就是要重視史料和文學作品的考證和背後意義，但是如果有人覺得史料和文學作品至上，可以完全解讀出常民生活和心理的話，那他不是居心不良就是吃飯鍋中央的青仔欉。

所以民俗學的論文絕對要以非文獻記載的「事例」作爲分析主體，而我收集到的，卻是我很難用絕對理智去分析的事例。

三十多年前的臺中，某個小家庭發生了一件靈異的怪事。

一開始是在晚上睡覺的時候，女主人總覺得有人在拉她的腳，一開始夫婦還不以爲意，後來卻變本加厲，睡到一半，整床棉被都被奇怪的外力給拉了下去。夫妻倆開始感覺有點毛了，除此之外還在半夜的房間裡聽到走路聲和人聲，最後還在衣櫥上出現了明顯的手印，而且房間還充滿一股惡臭。兩人尋找臭味的來源許久，才發現味道是從手印傳出來的。

手印上沾的是屎。

嚇得半死的兩人，當然就去老婆弟弟擔任主委的宮廟求助了。出來辦事的乩童就是前面講的大聖爺。大聖爺先是講了一些因果啦、機緣之類的神明話之後，突然開始搖頭晃腦——雖然說乩童搖頭晃腦好像是本職學能，問題是搖完之後，乩童的聲音變成純粹的女聲，而且聲調淒厲。在場所有人當然驚慌失措，上了乩童身的女生用幾乎哭喊的聲音對著老公大叫：

「你知道我是誰嗎？」

這位一向忠厚老實，連跟歐巴桑講話都會臉紅的老公當然不知道這是哪位。女聲接著用詭異的聲音要老公回去自己家裡的某個地方，找出一本紅色封面的筆記本，看裡面第幾頁的內容就知道祂是誰，接著就離開了乩童身體。

大聖爺回來之後，說剛才那個聲音的主人不簡單，手上拿了「黑令旗」，所以自己不能阻擋祂，只能讓其任意占據乩童肉身。問事結束之後，夫婦當然火速趕回家裡，而且還真的在那個女人所說的地方，找到了那本紅色筆記本——老公多年前還沒認識太太、在臺北工作時所寫的日記。翻到了女鬼（故事走到這裡應該所有人都知道那不會是人了）所講的頁數，老公像是被雷擊一般，突然淚崩想起了一段十多年前的往事。幾天之後再次前往宮廟，這次女鬼直接附身在乩童身上，但是老公直接抱住了乩童的肥宅大叔身體，沒等女鬼講話就開始痛哭了。女鬼跟著泣不成聲，開始訴說自己的經歷：

十多年前的老公，我們姑且稱他志明吧。志明在臺北一間餐廳擔任二廚，為生活打拚，同一間餐廳裡有位來自彰化鄉下的年輕女會計。女會計（好吧就叫她春嬌）和志明互有好感，在經過一段純純的戀愛之後，雙方都希望今生可以攜手一起走過。但是春嬌來自傳統保守的彰化鄉下，所以她告訴志明，自己得先回老家向父母報告，得到父母首肯之後，再和志明一起回家見雙親，完成整個結婚前的傳統流程。不過有個關鍵，就是這個流程不必在男方這邊執行。

是的。志明是來自中國的第一代外省人，來臺不久之後就退伍在臺灣孤身奮鬥。

那時候的臺灣，有句罵人的話叫「你某跟到兵仔」。某些本省人對於外省族群，尤其是低階軍人存在著現今我們無法想像的歧視。不管志明再怎麼忠厚老實、人品優良，春嬌一開口說對方是外省人，原本還開開心心的父母馬上翻臉大怒，臭罵了一頓之後，撂下一句「要結婚除了兩個老仔死」的狠話。

一向乖巧聽話的春嬌也終於首次向父母大聲，邊哭邊說自己國中畢業之後就爲了讓弟弟讀書，犧牲自己的學業去工作，在臺北的收入除了自己伙食費以外，也都全數寄給家裡，一生唯一就要求這件事，爲什麼父母不能接受？

不歡而散之後，春嬌決定要嚇一下家人，於是她買了就算劑量全吃完也不會致死的安眠藥，然後躲進老家外的「ボットン便所」，也就是之前提到會爆炸的糞坑式廁所裡，關起門來吃了兩顆藥丸，希望能用這種方式讓父母知道自己決心。

但是比爆炸更荒謬、更恐怖的悲劇發生了。

服下藥丸的春嬌失去意識後，不知道怎麼搞的，坐下之後，身體居然倒了下去，角度非常準地一頭栽進了沒蓋子的糞坑，也非常離奇地整個人都滑進了糞坑。發現春嬌失蹤的家人心急如焚地開始找人，在毫無所獲的幾天之後，才在隔壁阿北準備去裝肥的時候找到了人。

再續前緣的冥婚

自己原本也沒想要死的春嬌，死後因爲不孝和陽壽未盡兩個理由被關進了枉死城。枉死已經很雖小了，結果春嬌進了枉死城，除了受盡孤單和貧窮之苦外（因爲枉死城收不到陽世普渡或是家屬燒的庫錢），還被同住的城友們（？）霸凌。結果春嬌趁一次閻羅王到枉死城督導時攔轎伸冤，閻王覺得其情可憫，所以允許祂上陽世討回公道，所以春嬌手上才有這支各級神明不得阻擋的黑令旗。

志明當年只知道春嬌趁休假回了一趟老家，卻再也沒有回到公

手持黑令旗的春嬌

濟公

司上班。

志明當然也心急地四處找人，但是在聯絡不便的那個時代，只知道春嬌沒有回到臺北住處，春嬌的朋友們也沒人知道彰化老家的聯絡方式。志明在茫茫人海裡尋找了許久，也只好心碎地放棄了這位曾經的眞愛。

哪知道他這位心愛的，早在當年就與他天人永隔。兩人相擁痛哭了一會，旁邊由另一位濟公師父附身的乩童這才開口問春嬌怎麼打算？春嬌當然是要把志明帶回去永結連理，哭得亂七八糟的志明當然也深感愧疚，往事浮上心頭，願意就這樣被自己無緣的愛人帶回陰間。但是一旁黑人問號許久的太太當然不允許這種事情發生，而且兩人已經有兩個小孩了，拔比這一死還得了？所以這下換太太加入了痛哭陣容。

濟公師父只好動之以情，說之以理，本來就很愛志明的春嬌這才心軟，以她先和志明交往所以要太太叫她大姐的條件，要求志明以冥婚方式娶自己進門。

大家聽到有解方了當然秒速答應。接下來就是因爲春嬌是黃花大閨女第一次出嫁，所以當然得按部就班來到家裡提親了。幾天之後，一夥人包括穿著西裝的志明，就從臺中開車出發，在沒有導航的時代一路開到了某家住宅後門。

沒錯，你一定會想：「是怎麼知道住址的？」因爲我當時也有同樣疑問。疑問的解答是乩童就坐在副駕駛座。乩童當時並沒有被附身，怎麼知道住址？也很簡單，因爲春嬌一路上一直在他身旁報路。那春嬌當時坐在哪裡？

答案是，乩童的肩膀上。

大家到了住宅後門。乩童問爲什麼不從前面進去，春嬌回答因爲客廳有神明還有公嬤，祂是自殺的所以不孝，不能從前門進去。一行人敲了後門許久，有個中年人出來應門。聽完了志明等人的說明，男人瞬間放聲大哭——原來男子就是春嬌口中犧牲自己，成全他學業的弟弟，父母早已在多年前過世。

大家進門之後，沒有多久就談妥了冥婚事宜。回到臺中的路上，春嬌要求去挑選婚禮當天要穿的衣服。所以大家就一路到百貨公司，讓春嬌挑好了祂喜歡的衣服，回到宮廟之後化了送去陰間給祂。是的，看到這裡你一定又和我有同樣問題，就是大家怎麼知道春嬌喜歡哪件衣服啊？

「順著味道啊，祂喜歡的衣服每件都給人家摸過，所以上面就沾了屎手印啊！」

答案雖然恐怖，但出自全程目擊、參與這件事的處理過程的我老杯嘴裡，又讓我不得不信。而且這個故事包括乩童的幾個當事者，都是我要叫叔叔、阿北的人。

冥婚結束之後，志明身邊出現了幾個「後遺症」，包括兩個小孩晚上睡覺的時候，大媽好像都有來幫他們蓋棉被，而且日後再也沒人願意跟志明打麻將，因爲每賭必輸，雖然志明一直矢口否認，但是大家一致認定有人在幫他看牌、調牌，所以「鬼才打得贏他」。

你我都不能遺忘的臺灣民俗學

在經過了更詳細的過程整理和背景調查，以及種種儀式的介紹分析之後，我完成了我的碩士論文。在送審和口試的過程中，也獲得了日本教授們的極高評價。唯一的缺點就是後來我的指導教授跟我說了一句話：

「大家只擔心這本碩士論文娛樂價值這麼高，這樣好嗎？」

當然在慶功宴上我和教授們是哈哈大笑地結束這個話題。但認眞想想，要講臺灣民俗的話，這個故事裡的含金量根本爆表。

先是枉死城和冤死、横死的鬼魂在臺灣人心裡的形象，再加上早年臺灣民間的潛在族群衝突以及當時的家庭觀念與社會形態，還有冥婚這種臺灣的獨特儀式等，研究起來眞的就是一本完整的民俗學碩士論文。

而這個我不必懷疑眞實性的臺灣民間信仰事例，也絕對有拍成單元劇，甚至是電影的潛力。但是在我完成碩士論文的二〇〇五年，似乎臺灣還沒有完全察覺到我們這些身邊事象的寶貴。但同一個時代，日本已經以日式恐怖電影進攻好萊塢，連泰國都以他們獨特的異界觀，打造出自己的電影風格了。

當然，這種輕賤自己身邊事象的風氣隨著網路文化的發展而有所改變，我們也開始產出了一些讓人驚豔的靈異相關作品，像之前的《通靈少女》就相當不錯。

不過如果和日本相比，我們民間傳承的精采程度絕不遜色，但是以此衍生出來的文化產物質與量，卻都和日本不成正比。當然，就像這個黑令旗的故事一樣，有許多部分如果不是臺灣人，就很難感受到其恐怖之處。

我常常跟學生說，「笑」和「可怕」是兩種我們覺得是本能，但其實卻是高度文化性的情緒反應。就像我們看《咒怨》這部電影時，很難想像爲什麼女鬼從佛壇裡跑出來是件很可怕的事。因爲我們平常生活的家裡沒有佛壇這種日本家庭幾乎每戶必備的家具，但如果鬼魂是從紅色燈光照明的神明桌上爬下來，我想很多朋友光想像就覺得快嚇尿了吧？

是的。當我們在講「越本土越國際」時，神鬼世界就是最好的證明素材。

回到臺灣之後，我就一直致力於介紹日本文化的工作。在硬邦邦的國族概念、古典的京都風情和下町的風土民情之後，終於可以在這本書裡寫到和我民俗學相關最多的神鬼妖怪文化了。對一般人來說，民間信仰和鬼怪之說或許是迷信、甚至是假鬼假怪的騙人玩意。但是對於民俗學研究者而言，這些卻是觀察出這個民族共通性的極佳材料。記得幾年前一個場合中巧遇某臺南文創大家，我在自我介紹時說我的專攻是民俗學後，他馬上回我：「那是學算命和風水的嗎？」

我當下當然就笑笑而已。雖然我心裡回的話是不可以寫在書上的。

我永遠記得我的老師自嘲的一句話，他說：「民俗學是不用不急的學問。」但是我仍然堅信的，就是如果失去這些不用不急的東西，那麼這個人對社會或是這個社會對世界，都將變得不用不急——尤其是我們身處在長年漠視身邊民間文化的臺灣。

在臺灣寫日本文化的書，應該算不用不急的極致了。不過藉由這次神怪的主題，希望能夠更扭轉一點這種根深蒂固的偏見，讓我們除了更了解日本之外，也可以更了解我們自己。之前在網路上因爲個人興趣，我調查了許多戰前臺灣的便當外包紙圖片。這才發現，如果不進行進一步考證，根本難以了解便當裡的菜色是什麼。

那才不過是幾十年前的事而已。

人的記憶有時很不可靠。就像現在很多人已經不知道臺鐵便當代表的排骨其實是國府來臺之後才有的產品。所以就算是再怎麼微小的生活瑣事，我們都需要記錄下去，因爲一個民族的文化和自尊，就是這些「小事」的蓄積成果。如果沒有這些累積，我們很容易就變得「人家告訴你你是誰，你就變成是誰」。

就像現在許多年輕人已經不知道《玫瑰之夜》的〈鬼話連篇〉是什麼鬼了，但他們卻承載了臺灣人這些有關靈異的記憶。

如果沒有人整理、論述這些乍看之下沒有什麼用，但卻是構築臺灣特色的重要元素時，難保再過幾十年後，這些又會被有意無意地遺忘，甚至扭曲拿來惡用。所以不管別人怎麼說，這次很榮幸可以以自己身爲一個民俗學徒、身爲一個臺灣子弟的身分來寫作這個主題。

但是還是不要問我世上有沒有鬼就是了。

參考文獻

赤田光男（1986）《祖霊信仰と他界観》人文書院
朝里樹（2018）《日本現代怪異事典》笠間書院
伊藤聡（2012）《神道とは何か》中央公論新社
梅原猛（2012）《葬られた王朝―古代出雲の謎を解く》新潮社
　　（1993）《日本人の「あの世」観》中央公論社
香川雅信（2013）《江戸の妖怪革命》角川　芸出版
何敬堯（2017）《妖怪臺灣：三百年島嶼奇幻誌・妖鬼神遊卷》聯經出版公司
倉野憲司校注（1963）《古事記》岩波書店
小松和彦（2018）《鬼と日本人》角川書店
　　（2012）《妖怪文化入門》角川学芸出版
　　（2016）《京都魔界図絵》宝島社

（2015）《京都魔界地図帖》宝島社
小山聡子、松本健太郎（2019）《幽霊の歴史文化学》思文閣出版
五来重（2013）《日本人の地獄と極楽》吉川弘文館
蔡亦竹（2016）《表裏日本》遠足文化
（2017）《風雲京都》遠足文化
臺北地方異聞工作室（2016）《唯妖論：臺灣神怪本事》奇異果文創事業
（2019）《臺灣妖怪學就醬》奇異果文創事業
鳥山石燕（2005）《図画百鬼夜行全画集》角川書店
直江広治（1983）《稲荷信仰（民衆宗教史叢書第3巻）》雄山閣
初見健一（2012）《ぼくらの昭和オカルト大百科》大空出版
福永武（2003）《現代語訳古事記》河出書房
（2005）《現代語訳日本書記》河出書房
宮田登（2006）《俗信の世界》吉川弘文館
林金郎（2018）《神靈臺灣》柿子文化

國家圖書館出版品預行編目資料

蔡桑說怪：日本神話與靈界怪談,有時還有臺灣 / 蔡亦竹著. -- 初版. -- 臺北市：圓神, 2019.10
272 面；14.8×20.8公分 --（圓神文叢；260）

ISBN 978-986-133-699-2（平裝）
1.神話 2.日本
283.1　108013596

Eurasian Publishing Group
圓神出版事業機構
用心與你對話．視野無限寬廣
圓神出版社
Eurasian Press

www.booklife.com.tw　reader@mail.eurasian.com.tw

圓神文叢 260

蔡桑說怪：日本神話與靈界怪談，有時還有臺灣

作　　者／蔡亦竹
插　　畫／蔡亦竹
發 行 人／簡志忠
出 版 者／圓神出版社有限公司
地　　址／台北市南京東路四段50號6樓之1
電　　話／（02）2579-6600．2579-8800．2570-3939
傳　　真／（02）2579-0338．2577-3220．2570-3636
總 編 輯／陳秋月
主　　編／吳靜怡
專案企畫／沈蕙婷
責任編輯／歐玟秀
校　　對／歐玟秀．林振宏
美術編輯／李家宜
行銷企畫／詹怡慧．林雅雯
印務統籌／劉鳳剛．高榮祥
監　　印／高榮祥
排　　版／莊寶鈴
經 銷 商／叩應股份有限公司
郵撥帳號／18707239
法律顧問／圓神出版事業機構法律顧問　蕭雄淋律師
印　　刷／國碩印前科技股份有限公司
2019年10月　初版

定價 400 元　ISBN 978-986-133-699-2
版權所有．翻印必究
◎本書如有缺頁、破損、裝訂錯誤，請寄回本公司調換
Printed in Taiwan